conselhos para o
CEO

5 ESTRATÉGIAS FUTURAS QUE VOCÊ DEVE APLICAR AGORA

Preencha a **ficha de cadastro** no final deste livro
e receba gratuitamente informações
sobre os lançamentos e as promoções da
Editora Campus/Elsevier.

Consulte também nosso catálogo
completo e últimos lançamentos em
www.campus.com.br

conselhos para o
CEO

5 ESTRATÉGIAS FUTURAS QUE VOCÊ DEVE APLICAR AGORA

George
STALK
John
BUTMAN

Tradução
Marcia Nascentes

Do original: *Five Future Strategies You Need Right Now*
Tradução autorizada do idioma inglês da edição publicada por Harvard Business Press
Copyright © 2008 by The Boston Consulting Group, Inc

© 2008, Elsevier Editora Ltda.

Todos os direitos reservados e protegidos pela Lei 9.610 de 19/02/1998.

Nenhuma parte deste livro, sem autorização prévia por escrito da editora, poderá ser reproduzida ou transmitida sejam quais forem os meios empregados: eletrônicos, mecânicos, fotográficos, gravação ou quaisquer outros.

Copidesque: Denise Rodrigues
Editoração Eletrônica: Estúdio Castellani
Revisão Gráfica: Jayme Teotônio Borges Luiz e Roberta Borges

Projeto Gráfico
Elsevier Editora Ltda.
A Qualidade da Informação.
Rua Sete de Setembro, 111 – 16º andar
20050-006 Rio de Janeiro RJ Brasil
Telefone: (21) 3970-9300 FAX: (21) 2507-1991
E-mail: *info@elsevier.com.br*
Escritório São Paulo:
Rua Quintana, 753/8º andar
04569-011 Brooklin São Paulo SP
Tel.: (11) 5105-8555

ISBN 978-85-352-2900-4
Edição original: ISBN 978-1-4221-2126-9

Nota: Muito zelo e técnica foram empregados na edição desta obra. No entanto, podem ocorrer erros de digitação, impressão ou dúvida conceitual. Em qualquer das hipóteses, solicitamos a comunicação à nossa Central de Atendimento, para que possamos esclarecer ou encaminhar a questão.

Nem a editora nem o autor assumem qualquer responsabilidade por eventuais danos ou perdas a pessoas ou bens, originados do uso desta publicação.

Central de atendimento
Tel.: 0800-265340
Rua Sete de Setembro, 111, 16º andar – Centro – Rio de Janeiro
e-mail: info@elsevier.com.br
site: www.campus.com.br

CIP-Brasil. Catalogação-na-fonte.
Sindicato Nacional dos Editores de Livros, RJ

S781c   Stalk, George, 1951-

     5 estratégias futuras que você deve aplicar agora / George Stalk com a colaboração de John Butman ; tradução Marcia Nascentes. – Rio de Janeiro : Elsevier, 2008.
     – (Conselhos para o CEO)

     Tradução de: Five future strategies you need right now
     ISBN 978-85-352-2900-4

     1. Logística empresarial. 2. Planejamento estratégico. 3. Concorrência. 4. Sucesso nos negócios. I. Butman, John. II. Título. III. Série.

08-0901.   CDD: 658.4012
                                             CDU: 65.012.2

▶ Os Autores

GEORGE STALK é parceiro sênior e diretor de gerenciamento do The Boston Consulting Group e prestou consultoria para várias das principais empresas de manufatura e serviços no mundo inteiro. Por mais de 10 anos, trabalhou e morou no Japão, onde revelou pela primeira vez os tipos da vantagem competitiva japonesa em custo, qualidade e, mais importante, tempo. Isso levou ao pensamento inovador da BCG em relação ao uso do tempo como uma arma competitiva.

De 1998 a 2003, George incentivou a inovação global da BCG, financiando e gerenciando investidas, envolvendo quase todos os aspectos da estratégia de e-commerce, inovação de precificação, e identificando e explorando descontinuidades estratégicas. Seu trabalho gerou insights na gestão de conflitos de canais, complexidades, utilizando banda larga sem fio para criar vantagem competitiva, e oferecendo organização para e-commerce, "power by the hour" e precificação. Atualmente, trabalha para integrar novas ameaças e oportunidades chinesas em estratégias competitivas de clientes.

George é co-autor de *Competing Against Time, Kaisha: The Japanese Corporation, Breaking Compromises, BCG Perspectives on Strategy* e *Hardball – jogando para valer* (Editora Campus/Elsevier).

George mora com a esposa e os seis filhos em uma fazenda nos arredores de Toronto.

John Butman é autor e escritor colaborador de diversos livros: *Real Boys: Rescuing Our Sons from the Myths of Boyhood*, best-seller no *The New York Times*; o romance *Townie*, best- seller no *The Boston Globe*; e *Trading Up: The New American Luxury*, best-seller na *BusinessWeek*.

Sumário

INTRODUÇÃO
    As cinco estratégias   1

1
    Ginástica da cadeia de suprimentos   11

2
    Evitando economias de escala   37

3
    Precificação dinâmica   55

4
    Adotando a complexidade   75

5
    Banda larga infinita   101

CONCLUSÃO
    A um prazo mais longo   125

    Notas   145

INTRODUÇÃO
As cinco estratégias

AS CINCO ESTRATÉGIAS

Sempre há importantes questões de negócios que se formam como nuvens de tempestade no horizonte, mas elas não chegam a constituir problemas tão graves que exijam sua total atenção. Entretanto, este é o melhor momento para se concentrar nessas questões e decidir se você deve empregar mais recursos para enfrentá-las, sem demora. Ao fazer isso, você pode ganhar uma vantagem em relação aos seus concorrentes, pois eles ainda nem avistaram o horizonte ou, mesmo que tenham avistado, estão aguardando o desenrolar dos fatos para tomar alguma providência. Então, procure ficar atento; senão, essas gotas de vapor que se formam no céu poderão logo se transformar em cúmulos de trovoada que se deslocam rapidamente e lançam suas descargas elétricas antes mesmo de você tentar fazer alguma coisa, especialmente quando algum concorrente entra em ação primeiro.

A imprensa de negócios está sempre publicando novos milagres estratégicos que justificam o surgimento de fortunas de alguma empresa ou executivo. Fico surpreso ao perceber que a história ou "notícia" é tão desatualizada. Por exemplo: recentemente, li um artigo sobre o milagre de manufatura flexível e sobre como a Chrysler, em um esforço para reduzir custos, estava implementando um sistema que permitia à empresa reunir mais de uma plataforma de carro em uma única linha de montagem.

Milagre? Sim. Novidade? Não. Há mais de 25 anos, exatamente em 1981, Mazda abriu sua nova fábrica Hofu fora de Hiroshima, Japão. A fábrica foi projetada para suportar mais de oito plataformas. Posso afirmar isso porque eu estava lá.

O uso do tempo como arma competitiva para fabricantes começou a ganhar visibilidade no final da década de 1970, mas ainda está sendo "descoberto" como se tivesse sido inventado ontem.

Muitas inovações em estratégia são como aqueles sinais fracos que ganham força até que, anos depois, aparecem na *BusinessWeek* ou no *Wall Street Journal* e passam a ser lugar-comum. Foi isso que aconteceu com as estratégias baseadas em experiência, custo médio, impasses e a nova economia da informação.

A parte difícil é descobrir que questões estratégicas emergentes contêm oportunidades suficientes ou ameaças significativas o bastante para merecer atenção agora. É neste sentido que espero ajudar, de alguma forma.

Meus colegas e eu temos o hábito de manter "arquivos abertos" – um repositório de informações relevantes sobre alguns tópicos ou questões intrigantes – que acrescentamos à medida que novos materiais são disponibilizados. O tópico costuma chamar nossa atenção como um "sinal fraco", mas aos poucos se torna mais claro, à medida que o arquivo recebe mais dados.

Às vezes um cliente pode pedir ajuda em relação a uma de suas questões abertas. O arquivo da ginástica da cadeia de suprimentos passou a existir quando um cliente foi abordado pela FastShip, Inc., que buscou financiamento para desenvolver navios porta-containers acionados a jato. Nossa investigação sobre este novo conceito revelou os problemas iminentes de desequilíbrio entre demanda e capacidade na fabricação de navios porta-containers. Este arquivo foi preenchido rapidamente.

Tenho três categorias de arquivos abertos:

1. **Sinais fracos**: Questões que provavelmente se tornarão estratégias, mas que até agora só mostraram alguns sinais bem fracos. É necessário um maior desenvolvimento.
2. **Lista em observação**: Estratégias em potencial em que os tipos de vantagens competitivas não estão totalmente claros.

3. **Alucinações**: Questões provocantes que estão tão presentes que talvez nunca se materializem, pelo menos nesta vida.

Todas as cinco estratégias discutidas começaram como sinais fracos, mas os arquivos sobre elas agora são tão extensos que os tipos de vantagens são extremamente claros e inegáveis:

- **Ginástica da cadeia de suprimentos**: Não me refiro aqui aos seus esforços contínuos para reduzir custos de produção, terceirizando e off-shoring, ou mesmo ao potencial aumento de pressão de concorrentes da China em mercados do mundo inteiro. Estou me referindo à questão cada vez mais problemática de gerenciar sua cadeia de suprimentos quando ela inclui fornecedores ou parceiros na Ásia, especialmente na China, e como isso afeta sua estratégia. Qual é o problema? É o abismo existente entre a demanda de remessa, os recursos de trânsito e os suprimentos disponíveis. É muito provável que suas mercadorias ou componentes caiam em uma "correnteza" que pode custar tempo, dinheiro, participação de mercado e oportunidade. Se você conseguir nadar contra a maré, enquanto seus concorrentes mal se mantêm na superfície, saiba que uma vantagem competitiva significativa o aguarda.

- **Evitando economias de escala**: Embora algumas empresas estejam certas em acreditar que, ao atingir economias de escala, estarão em um caminho seguro para conseguir aumentar o volume e os lucros, empresas de economia em desenvolvimento exploraram novas abordagens da produção em massa que não exigem acesso a capital ou tecnologia. A fábrica que chamo de "descartável" é uma instalação dedicada, com trabalho intenso, destinada à produção em massa temporária, com alta produtividade e baixo custo. À medida que mercados se tornam cada vez menos previsíveis e que os ciclos de vida de produtos e até mesmo de negócios diminuem, a descartabilidade pode ser um modelo eficaz também para empresas que poderiam seguir um caminho mais tradicional.

- **Precificação dinâmica**: A maioria das empresas tem sido muito cuidadosa em relação ao aperfeiçoamento de sua precificação por meio de práticas de "boa higiene" como o aumento de preços de catálogo para se equiparar aos preços dos concorrentes, forçando cobranças especiais em pedidos de clientes, gerenciando de forma ativa preços por cliente, entre outras práticas. Essas práticas trouxeram resultados positivos e devem continuar a ser adotadas. O próximo passo, contudo, é buscar a precificação dinâmica em que a empresa associe o preço do seu produto ou serviço à necessidade imediata ou a cada segundo do cliente que deseja adquiri-lo ou utilizá-lo.

- **Adotando a complexidade**: "Simplificação" é o mantra de várias empresas, especialmente quando um negócio atinge o ápice da proliferação modelo e apresenta a complicação que afasta clientes e traz uma sobrecarga desnecessária para produtores. Mas agora encontramos quatro formas pelas quais as empresas podem atrair esses clientes que, na verdade, buscam um nível superior de complexidade e em que tal complexidade representa uma oportunidade de crescimento compartilhado e aumento dos lucros. São elas: grandes gastadores, redutores de risco, especificadores e mecanismos de busca.

- **Banda larga infinita**: Ainda não chegamos lá, mas em breve estaremos vivendo em um mundo em que empresas poderão receber sem esforço a quantidade de informações desejada, na forma necessária, a qualquer momento e em qualquer lugar, e com custo zero. Quando esse mundo se materializar (ou, digamos, se desmaterializar), algumas empresas estarão prontas para tirar vantagem de seu recém-descoberto poder e capacidade, outras não. Há três áreas importantes em que a banda larga infinita pode gerar vantagem competitiva: maior eficiência operacional, criação de novos modelos de negócios e estabelecimento de negócios totalmente novos.

Estas questões podem ainda lhe parecer sinais fracos. Mas, assim como tantas outras questões que surgiram nos últimos cinqüenta anos, incluindo as estratégias que já mencionei, é provável que estas questões apareçam logo nas primeiras páginas da imprensa de negócios.

Em *5 estratégias futuras que você deve aplicar agora*, apresento uma introdução de alto nível a cada uma dessas questões emergentes, além de sugestões sobre como transformá-las em vantagem competitiva.

1
Ginástica da cadeia de suprimentos

GINÁSTICA DA CADEIA DE SUPRIMENTOS

Nos últimos anos, venho notando que as empresas têm se tornado cada vez mais hábeis na execução do que chamo de *ginástica da cadeia de suprimentos* – terceirização, subcontratação, *partnering*, *off-shoring*, *bestshoring* e todo o resto, especialmente na China. Atualmente, muitas empresas obtêm 50% ou mais de suas mercadorias da Ásia e, como resultado, reduziram seus custos, aumentaram os lucros e criaram participações.

Contudo, há uma emergência real na estrutura que ameaça colocar em risco todos os benefícios que as empresas conquistaram (e ainda estão conquistando) como fruto dos seus esforços de cadeia de suprimentos. Estou me referindo às questões de infra-estrutura relacionadas a envio e frete na Costa Oeste dos Estados Unidos e na Europa Ocidental.

Resumindo, o problema é que a chegada de uma enorme quantidade de mercadorias provenientes da China e de outras partes da Ásia em nossas costas pode, facilmente, sobrecarregar a infra-estrutura responsável pelo recebimento e distribuição dessas mercadorias. Basta uma previsão para colocarmos o problema em perspectiva: os portos da Costa Oeste dos Estados Unidos atingirão sua capacidade máxima de carga e descarga de container combinado a partir de 2010.

Este fenômeno, que chamo de *correnteza da China*, dissipará todas as economias que as empresas pensam que estão fazendo através da obtenção de recursos da China, pois é difícil prever e gerenciar os novos custos que serão acrescentados. E, apesar de estar me referindo à China, eu poderia, perfeitamente, estar falando do Vietnã, da Tailândia ou da Coréia. As importações da China estão no centro da tempestade no momento.

Talvez você esteja pensando que se trata de mais uma questão simples e limitada de envio e distribuição, mas o problema é tão relevante que pode ter graves implicações na sua maneira de fazer negócios e nas estratégias que você adota. Como veremos adiante, cadeia de suprimentos e estratégia estão intimamente relacionadas.

Muitas empresas com as quais trabalho estão conscientes de partes do problema e têm feito o possível para se preparar para enfrentar um estresse bem maior no sistema – um número maior de inventários, a necessidade de aceitar prazos mais longos e redobrar esforços a fim de fazer previsões mais precisas. Outras passaram a fazer grande parte do transporte de suas mercadorias por via aérea, e não terrestre, aumentando os preços quando podem para absorver o aumento de custos. Sinto informar que, apesar de tais esforços serem úteis, não são suficientes, ou seja, não evitarão o problema e poderão, em alguns casos, agravar a situação.

A emergência

Empresas que obtêm mercadorias manufaturadas da China (e nossos dados mostram que a maioria das empresas da *Fortune* 1.000 se enquadram nesta descrição) o fazem principalmente em função dos custos de produção atrativos. Em geral, os esforços compensam, e as empresas conseguem reduzir os custos (com a ajuda da contínua redução nos custos de logística marítima) e aumentar as margens de lucro. Entretanto, não é fácil obter vantagens de custo. As empresas chegaram a um ponto em que há poucos custos a serem eliminados do processo de envio marítimo. Na realidade, os custos marítimos agora costumam responder por apenas cerca de 1% do preço no varejo.

Os negócios enfrentaram as novas ondas para prosseguir viagem, investindo um pouco mais em custos marítimos já que navios maiores foram trazidos para a frota e processos de descarregamento se tornaram ainda mais eficientes. Eles só não esperavam encontrar ondas ainda maiores. A primeira indicação de sérios problemas ocorreu em 2002, com uma greve de estivadores que durou oito dias, levando ao fechamento dos portos na Costa Oeste. Depois, no final de 2004, as operações nos portos de Los Angeles/Long Beach, por onde mais de 40% dos containers da Ásia chegam aos Estados Unidos, quase foram interrompidas, pois todos os sistemas envolvidos (ancoradouros, guindastes, caminhões e trens) não conseguiam dar conta do enorme volume de containers que chegavam. Quase cem navios ficavam ancorados à espera de um lugar para atracar e depois precisavam aguardar mais alguns dias no cais para ser descarregados. Calculo que estes atrasos no descarregamento representaram um custo de US$0,5 por ação para algumas empresas.

As pessoas se concentravam na mensagem óbvia da greve – como a economia norte-americana se tornou dependente das mercadorias importadas da China –, mas prestavam menos atenção ao problema subjacente: a infra-estrutura do frete marítimo (e ferroviário) na Costa Oeste dos Estados Unidos estava passando por um momento crítico. Deveríamos ter aprendido outras coisas com a greve: como somos dependentes de um pequeno número de portos, como as operações desses portos podem ser facilmente interrompidas e quão grande pode ser o impacto dessas interrupções sobre as operações.

Desde a greve, os problemas de infra-estrutura ficaram ainda mais evidentes nas operações diárias da maioria das empresas. Um número cada vez maior de remessas está atrasado nos centros de distribuição. O pessoal de logística e marketing solicita mais inventários como forma de proteger a empresa contra problemas de falta de estoque, mas, mesmo assim, ela continua a existir. Foram acrescentadas semanas ao ciclo de reposição. E, muitas vezes, as empresas descobrem que precisam reduzir o preço dos estoques em excesso para movimentá-los. Em geral, as empresas conseguem rastrear estes custos. Raramente, conseguem rastrear ou de fato rastreiam os lucros perdidos por não terem as mercadorias que poderiam ter vendido se os sistemas de logísticas tivessem sido responsivos.

E a situação tende a piorar.

O número de mercadorias que chegam da Ásia em containers, especialmente da China, aumentou rapidamente nos últimos anos e agora cresce tão rápido (9 a 12% por ano) que até mesmo a frota mundial de navios-container gigantescos não consegue dar conta desse aumento. Na verdade, o fluxo interno incremental de containers para os Estados Unidos equivale aproximadamente a um Porto de Vancouver por ano (1,5 milhão de containers).

O resultado, como disse no início, é que os portos da Costa Oeste ficarão sobrecarregados e podem atingir sua capacidade máxima de manipulação de containers combinados em 2010. Ao mesmo tempo, a China está aumentando sua capacidade de encher navios com mercadorias. Nos próximos anos, cerca de 100 novos ancoradouros para carregamento de containers serão construídos na China, cada um com a capacidade de içamento de, aproximadamente, 250 mil containers por ano.

Operadores de portos da América do Norte dizem que compreendem o desafio e juram que aumentarão a capacidade dos seus portos. Porém, só há duas formas de fazer isso, e ambas apresentam problemas. A primeira é ampliar a área de ocupação das docas, mas as comunidades que habitam a área onde os portos operam podem se opor a qualquer expansão significativa, e seus protestos podem resultar em grandes atrasos nas expansões dos portos ou impedir tais expansões. (Talvez eu seja a única pessoa na face da terra a enxergar os portos como algo de belo!) A outra forma de aumentar a capacidade é melhorar, significativamente, a produtividade, mas para fazer isso é necessária uma inovação nas relações de gerenciamento do trabalho, algo improvável em um ambiente que possui um longo histórico de discórdias.

O aumento da capacidade dos portos através de um destes métodos só serviria para postergar o dia do juízo final de três a cinco anos, em virtude da taxa de crescimento do número de containers provenientes da Ásia. Se os portos conseguissem fazer as duas coisas

— expandir suas áreas de ocupação *e* obter um aumento da produtividade, o dia infeliz poderia ser prorrogado para daqui a oito ou nove anos, no máximo.

Outra forma de aliviar a pressão seria desenvolver outros portos que, no momento, são pouco aproveitados ou construir portos inteiramente novos. Mas, mesmo no melhor dos cenários, levaria alguns anos para percebermos uma real mudança na capacidade de tais portos e, mesmo assim, sua capacidade seria inadequada para atender às crescentes necessidades.

Então, por pelo menos mais uma década, estaremos nadando contra a corrente.

A economia

Como esta situação afeta a economia da cadeia de suprimentos da China e as estratégias para explorá-la?

Primeiro, é importante compreender que toda cadeia de suprimentos envolve dois tipos de lucros – contábil e econômico. Também há três tipos de custos – direto, indireto e oculto. À medida que uma cadeia de suprimentos se expande, se torna mais complexa e envolve mais tempo, os custos diretos, indiretos e ocultos proliferam e seu valor aumenta, levando a divergências entre lucros contábeis e lucros econômicos.

Em geral, os custos diretos e indiretos associados a uma cadeia de suprimentos podem equivaler a um valor entre 4% e 8% do custo de cada item no varejo. Os custos diretos incluem remessa; aninhamento e desaninhamento de containers nas duas extremidades do oleoduto marítimo; bem como o armazenamento, a manipulação e a aquisição de inventários. Os custos indiretos incluem seguro e financiamento geral. Embora esses custos variem, aumentando ou diminuindo de acordo com o tamanho e a complexidade da cadeia, é relativamente fácil identificá-los.

Os custos ocultos de uma extensa cadeia de suprimentos são os verdadeiros matadores. O mais importante é a margem bruta que uma empresa perde quando não possui um produto que esteja vendendo em estoque. (A margem bruta varia de 40% a 60% do preço no varejo.) Isso pode ocorrer quando o produto fica sob o controle de um navio, preso em um container, depositado em um ramal de ferrovia em alguma localidade ou não foi realmente solicitado a atender às diferentes demandas do mercado. Isso leva a uma redução dos lucros econômicos, enquanto os lucros contáveis podem permanecer estáveis.

Não ter um produto para vender é o custo oculto mais nocivo, mas ter um excesso de inventário de um produto que *não* está vendendo é a segunda situação mais prejudicial. Os custos de desvalorização com o excesso de inventário afetam uma média de 10% a 20% do preço de varejo.

Uma empresa que pode evitar a perda de margens de estoques esgotados e excessos de estoque ganha mais dinheiro do que uma empresa que não consegue fazer o mesmo. Este dinheiro pode ser usado para obter uma vantagem estratégica através de outros investimentos nos negócios.

Em muitas empresas, contudo, gerentes acreditam que esses problemas surgem como resultado de erros de previsão, e não de flutuações na cadeia de suprimentos. Quando os níveis de inventário não são ideais, a reação da gerência é tentar prever ainda mais além no futuro – calculando a demanda e buscando congelar pedidos com a maior antecedência possível. Mas as flutuações da cadeia de suprimentos só aumentam quando o intervalo de tempo fica maior; então, uma previsão de prazo mais longo, provavelmente, será menos precisa e mais seriamente afetada pela dinâmica do sistema.

Outro custo oculto, que não é causado por flutuações na cadeia de suprimentos, mas agravado por elas, é a despesa da localização e remoção de inventário com falhas da cadeia de suprimentos. Pode demorar para identificar a causa de um problema de qualidade, determinar como corrigi-lo e, depois, ajustar a produção. No período em que você conduzir seu trabalho de detetive, as mercadorias com problemas continuarão alimentadas na cadeia. Além dos custos associados à localização e correção do inventário com falhas, também haverá custos adicionais necessários para produzir novas mercadorias a fim de atender pedidos anteriores e a demanda atual, e também substituir fisicamente as mercadorias abaixo da média por novos produtos na cadeia inteira.

Finalmente, flutuações na cadeia de suprimentos podem afetar sua empresa, mesmo quando ela é capaz de manter os níveis ideais de inventário, quando você opera em uma categoria de mercadorias em que outras empresas trabalham com extensas cadeias de suprimentos. É provável que uma ou mais delas não sejam tão experts na gestão da cadeia de suprimentos e possuam um excesso ou uma escassez de estoque na fonte de suprimento. Se houver inventário de menos na categoria, talvez você seja pressionado a produzir mais suprimentos rapidamente. Se houver inventário demais na categoria inteira, talvez sua empresa entre em uma batalha de precificação no varejo. Então, mesmo que você tenha sido extremamente preciso em suas previsões e esteja certo em relação ao inventário, as flutuações na cadeia de suprimentos ainda poderão causar problemas.

Não há onde se esconder.

As implicações estratégicas

Agora que a obtenção de recursos da Ásia é uma prática de negócios padrão, o importante não é mais identificar os países que os fornecem, mas sim saber se você consegue gerenciar bem a cadeia de suprimentos, especialmente os custos ocultos e os lucros perdidos. Realizei simulações complexas para comparar cadeias de suprimentos da China com cadeias de suprimentos domésticas. Descobri que grande parte das empresas, na maioria das categorias, pode obter vantagem de custo em relação aos seus concorrentes com a cadeia da China ou a doméstica. (Novamente, apesar de ter me referido à China, esta descoberta se aplica a qualquer cadeia de suprimentos que inclua componentes distantes.)

O segredo é o gerenciamento de informações. Quanto mais extensa e mais sofisticada a cadeia, mais importante se torna a integração de informações.

Defini três níveis de gerenciamento da cadeia de suprimentos:

- **A cadeia de suprimentos *não integrada*:**
Neste tipo de cadeia, cada etapa anterior recebe suas informações a pedido de seu cliente na etapa seguinte da cadeia. É difícil verificar, gerenciar e mudar flutuações. A gerência costuma aprender sobre estoques em excesso, estoques insuficientes ou produtos abaixo da média do vínculo final na cadeia – que costuma ser o ponto de venda a varejo. Isso costuma significar que é necessário intervalo de tempo total para corrigir um problema.

- **A cadeia de suprimentos *semi-integrada*:**
Nesta cadeia, cada etapa obtém suas informa-

ções a pedido do cliente duas etapas depois – em geral, de um ou mais centros de distribuição em um dos lados do oceano. As flutuações ficam mais evidentes e podem ser mais bem gerenciadas. Mesmo assim, a correção de um problema exige mais tempo do que deve ou pode.

- **A cadeia de suprimentos** *integrada*:
Em uma cadeia com o maior nível de sofisticação, cada etapa possui uma visão completa da demanda do cliente final. As flutuações são quase imediatamente evidentes e as empresas podem reagir com mais facilidade e rapidez.

A vantagem obtida com o deslocamento de um nível para outro transforma a ginástica da cadeia de suprimentos em um grupo esportivo. Por exemplo, digamos que a Empresa A passa de uma estratégia de obtenção de recursos domésticos para uma cadeia de suprimentos não-integrada, baseada na China. A gerência descobre logo as dificuldades do gerenciamento da cadeia não-integrada e passa para um estado semi-integrado. Sua margem de operação melhora.

Com seus custos reduzidos, a Empresa A decide cortar o preço unitário de varejo para ganhar ações de seu arqui-rival, a Empresa B, que opera uma cadeia de suprimentos doméstica. A Empresa B decide defender suas ações ao se equiparar ao corte de preço da Empresa A, embora a redução transforme sua margem operacional em uma perda por unidade.

Após deixar a Empresa B sangrar por algum tempo, a Empresa A decide que tem margem suficiente para cortar novamente seu preço por unidade. É claro que a margem cairá, mas a empresa continuará a lucrar em cada unidade, graças à sua combinação de produtos unitários de baixo custo e fluxo de informações semi-integradas.

Os jogos continuariam indefinidamente. A Empresa B recuperaria sua vantagem se pudesse integrar totalmente seu fluxo de informações e se também pudesse cortar pela metade os tempos de ciclo de ponta a ponta (que, reconhecidamente, é uma grande *possibilidade* para muitas empresas). Com esta receptividade aperfeiçoada, a cadeia doméstica da Empresa B estaria mais em estoque e menos em excesso de estoque, e sua margem operacional aumentaria. A combinação de informações integradas e tempo de ciclo reduzido colocaria a Empresa B em vantagem em relação à Empresa A, movendo-se com uma cadeia de suprimentos semi-integrada e tempos de ciclos maiores. A Empresa B lucraria em cada unidade.

A Empresa A certamente se sentiria atingida, integrando totalmente sua cadeia de suprimentos com sede na China e cortando seu tempo de ciclo pela metade, e recuperaria a vantagem graças ao seu custo unitário inferior.

É possível. A correnteza da China adiciona uma nova corrente à dinâmica do jogo. Em geral, tempos de ciclo de cadeias de suprimentos baseadas na China tendem a aumentar, e não diminuir. Se eles aumentassem de 11 semanas para 18 semanas, como fizeram para alguns varejistas e fabricantes de bens duráveis, as cadeias baseadas na China sofreriam um declínio na margem operacional, passariam por crescentes estoques esgotados ou por mais excessos de estoque, enquanto as cadeias domésticas, com níveis superiores de sofisticação, ainda teriam lucro.

E isso não é tudo. Os tempos de ciclo de remessas externas (da China para Chicago, por exemplo) estão se estendendo e as flutuações também estão aumentando. Cerca de 50% dos containers de uma empresa de remessa são descarregados no prazo de uma semana após as datas programadas, e essas entregas são consideradas pontuais (pelo menos pelas empresas de remessa). Os outros 50% são ainda menos previsíveis!

Se o tempo de entrega definido em 18 semanas pode, aleatoriamente, variar em seis semanas, para mais ou para menos, a empresa com uma cadeia de suprimentos semi-integrada baseada na China perderá margem operacional. A implicação é: uma cadeia de suprimentos doméstica, com fluxos de informações integradas e tempos de ciclo rápidos, pode apresentar um desempenho melhor do que uma cadeia baseada na China, apesar de o custo do produto unitário da China ser menor.

Agora não basta identificar sua fonte fornecedora. É importante saber se você consegue aproveitar bem esses recursos.

Providências

Que providências você deve tomar para se tornar o mais eficiente possível?

Primeiro, avalie suas operações e processos. Nos setores do seu negócio que, no momento, não obtêm recursos da China ou de outro local da Ásia, recomendo os seguintes procedimentos:

- Reduza ao máximo e o mais rápido possível as quantidades com pedido mínimo de produção e também os tempos de ciclo.

- Evite obter recursos de ou fabricar produtos na China até estar totalmente familiarizado com a dinâmica das cadeias de suprimentos.

- Crie um fluxo de informações integradas ou semi-integradas dentro da cadeia de suprimentos existente na empresa.

- Analise profundamente as práticas de compras e o gerenciamento de relacionamentos com fornecedores em todos os níveis da cadeia de suprimentos para identificar áreas em que podem surgir custos ocultos e para evitar sua ocorrência.

- Separe os fluxos de pedidos através da cadeia de suprimentos, com base na previsibilidade dos pedidos e na volatilidade da demanda; assim, os componentes com as maiores margens brutas e a demanda mais volátil poderão ser manipulados mais rápido.

Em resumo, seja operacionalmente mais eficaz do que seus concorrentes na obtenção de recursos e gerenciamento da cadeia de suprimentos. Não seja tão bom quanto eles; procure ser melhor. Fique em vantagem competitiva.

Nos setores do seu negócio que atualmente obtêm recursos ou fabricam produtos na China, você deve explorar alternativas que minimizem efeitos negativos na cadeia de suprimentos, incluindo opções que podem parecer caras a princípio, mas que podem resultar em uma redução de custos em geral. Por exemplo:

- Utilize o despacho via aérea para produtos com as maiores margens e volatilidade. O despacho via aérea pode ser quatro a seis vezes mais caro do que o despacho via terrestre, mas os custos ainda são menores do que os custos de estoques esgotados e o excesso de estoque. Se você for agressivo, talvez consiga investir a capacidade em algo que resulte nas melhores taxas, forçando seus concorrentes a entrar em um spot market, de custo superior.

- Insista na remessa marítima ponto a ponto. Para reduzir custos, empresas de remessa estão construindo porta-containers cada vez maiores, que devem ser programados para atender vários portos. Produtos de remessa em um navio cujo destino é seu último porto de chamada podem acrescentar semanas, e uma grande variabilidade ao tempo de trânsito. Busque programações que permitam que suas mercadorias sejam as últimas a serem carregadas e as primeiras a serem descarregadas. Deixe seus concorrentes ficarem com as melhores taxas por mercadorias que chegam em "navios lentos da China".

- Desenvolva os melhores relacionamentos com provedores de transporte. Isso pode levar à identificação de oportunidades para agilizar a movimentação de mercadorias, muitas vezes pagando expedidores e manipuladores por tratamento preferencial. Em *hot hatching*, por exemplo, você oferece um premium a um expedidor que carregue suas mercadorias no seu navio por último e descarregue-as em primeiro lugar. Outra opção é trabalhar com poucas empresas de remessas capazes de descarregar containers diretamente nos vagões de trem que partem rumo ao leste em um trem expresso. Assim, você se antecipa na entrega, pois consegue cortar dias e até semanas da cadeia de suprimentos. Faça isso o quanto antes; senão, seus concorrentes poderão se adiantar.

Todas essas iniciativas exigem investimento em uma destas duas formas: em prêmios ou em capacidades. Prêmios são os pagamentos extras necessários para obter desempenho bem aperfeiçoado e tratamento preferencial de fornecedores como expedidores terrestres, marítimos e aéreos, e serviços portuários. Empresas podem obter resultados forçando fornecedores a competir em termos de serviços em troca de prêmios.

Investimentos em capacidades, que tendem a ser bem mais difíceis de detectar e realizar incluem:

- Aceleração do fluxo e interpretação de informações.

- Desenvolvimento de projetos que permitem que a montagem final ocorra perto do momento de demanda final, minimizando os efeitos de tempo e custo de longas cadeias de suprimentos.

- Aprendizagem de como obter, fabricar, lançar e retirar produtos com maior eficácia.

- Exploração de novos conceitos para o frete rápido com seus corretores, empresas de lonas, transportadores ferroviários e caminhões.

A identificação destas oportunidades de investimento estratégico exige uma intensa investigação e análise de custos, receitas e perda de margens nas cadeias de suprimentos de ponta a ponta. Você precisa perguntar: E se...? E precisa explorar bem cada resposta antes de chegar à conclusão de que investimentos adicionais em prêmios e capacidades talvez não levem a maiores aperfeiçoamentos. Fique bastante atento aos efeitos sutis, mas relevantes, no sistema quando investe em uma parte da cadeia para afetar o desempenho em outra.

Informações significam poder e você precisa investir nisso. Aqui estão seis etapas relacionadas a informações que pode seguir para aperfeiçoar sua cadeia de suprimentos:

- Calcule o tamanho do prêmio e certifique-se de que tenha levado em conta todas as opções viáveis (inclusive México e Europa Central e Oriental (CEE) para Europa Ocidental). Como as idéias discutidas funcionarão nestes ambientes diferentes? Quais são as suas situações específicas: Alta volatilidade? Rápidos ciclos da moda? Customização? Fabricação distribuída?

- "Fique antenado." Descubra o que está realmente acontecendo e por que, e o passo a passo, desde o nível do cliente até sua cadeia de suprimentos.

- Concentre-se em melhorar, sensivelmente, a capacidade de resposta e a confiabilidade dos principais participantes da cadeia de suprimentos. Às vezes, mudanças simples de procedimentos podem ter grandes implicações.

- Identifique e avalie as mudanças necessárias dentro da organização e na cadeia de suprimentos inteira para perceber oportunidades. As empresas raramente estão organizadas para fazer mudanças interfuncionais necessárias para impactar materialmente o desempenho da cadeia de suprimentos. Um grupo de aquisição de uma empresa obtinha as peças para determinado projeto de fornecedores em três países diferentes, com base apenas nos custos de produção unitária (UPCs) e sem levar em conta o impacto da decisão sobre o sistema. O resultado era a freqüente escassez na linha de montagem e encargos de frete aéreo emergencial.

- Obtenha informações sobre a alta gerência da sua empresa. Invista seus esforços na lista A de prioridades da liderança da empresa; do contrário, seus esforços serão em vão. Uma profunda melhoria no desempenho da cadeia de suprimentos, como em qualquer outra atividade que afete a estratégia, não pode ocorrer sem uma ordem da liderança. De outro modo, os parâmetros de desempenho de curto prazo e menor alcance da organização anularão todos os esforços sustentáveis.

- Inclua esforços de aperfeiçoamento nos seus planos operacionais e orçamentos na empresa inteira. Algumas organizações simplesmente estabelecem metas de desempenho estendidas e permitem que suas unidades de negócios ajam rápido para encontrar soluções. Este método parece assustador, mas pode ser muito eficaz.

Algo de suma importância é que, de uma forma geral, a estratégia deve coincidir com a abordagem da cadeia de suprimentos. Uma empresa que opta por não obter mercadorias da China, enquanto seus concorrentes o fazem, às vezes pode anular a vantagem de custo direto do seu adversário, aumentando a desvantagem logística desse adversário. Por exemplo, que tal uma empresa com a cadeia de suprimentos doméstica com capacidade de aumentar o nível de customização almejado pelos clientes ou de aumentar o quociente em voga – maior variedade ou temporadas de vendas mais freqüentes – em alguma categoria do seu negócio? Neste caso, a volatilidade da demanda por determinados produtos aumentará e o concorrente dependente da China, com longos lead times, poderá ter problemas logísticos ainda mais graves.

Empresas com cadeias de suprimentos com vantagem de tempo também devem levar em conta a precificação em consignação, exigindo que seus clientes atacadistas paguem apenas quando vendem produtos da empresa. Para se equiparar a esta oferta tentadora aos clientes, concorrentes com uma cadeia de suprimentos bem mais extensa precisarão incorrer em custos bem mais altos para lidar com um inventário maior.

Uma reflexão final

Os problemas atuais da obtenção de recursos da China funcionam, efetivamente, como uma enorme barreira ao comércio sem tarifas. Na realidade, a melhor estratégia para os protecionistas norte-americanos pode não estar em quotas ou tarifas, mas no suporte ativo aos esforços de ambientalistas para conter a expansão portuária.

Conforme disse anteriormente, é provável que a situação piore antes de começar a melhorar. Políticos dos Estados Unidos e do Canadá se envolverão em questionamentos e debates até que os eventos mundiais os surpreendam e que suas opções para aliviar os gargalos nos portos se esgotem.

Empresas farão o possível (e, aqui, sugeri várias abordagens), mas uma única empresa não pode fazer grande coisa para resolver o problema. Uma China cada vez mais frustrada, que tem mais a perder com esta real barreira comercial, pode abraçar uma importante iniciativa, como o desenvolvimento de um novo porto na Costa Oeste do México. Tamanho esforço levaria anos para ter um efeito, mas a possibilidade é real.

Se sua empresa estiver operando e vendendo da Europa e da América do Norte, não será fácil fazer a coisa certa. Para vencer, você precisará de muita criatividade e insight em relação ao comportamento do cliente, bem como opções segmentadas, análise detalhada de custo, investimento de capital em uma parte da cadeia de suprimentos para melhorar o desempenho em outras partes (vários membros da sua organização funcional, sem dúvida, reagirão negativamente!), e prática do tipo de gestão que muitas equipes de executivos considerarão como uma experiência fora do comum. Mas o problema é tão grave que, certamente, *alguém* tentará fazer algo a respeito disso.

Seja este alguém.

2
Evitando economias de escala

EVITANDO ECONOMIAS DE ESCALA

Digamos que seu negócio vai bem. Sua empresa está crescendo e espera crescer ainda mais com o lançamento de um número cada vez maior de produtos e serviços. Muitas de suas novas ofertas contêm margens saudáveis.

Então, o que há de errado neste cenário?

Sua capacidade de prever com precisão a demanda por seus novos produtos e serviços pode ser traduzida em uma só palavra: terrível. Seu pessoal costuma dizer: "Valorizamos excessivamente a demanda, pois costumávamos subestimá-la, especialmente nos primeiros anos de vida de um produto. Algumas de nossas ofertas permanecem por um período prolongado demais, o que nos dá tempo suficiente para amortizar nosso investimento. Outras desabrocham rapidamente, mas perdem logo a vitalidade. Assim, acabamos com muito mais equipamentos e pessoas do que precisamos. Talvez seja difícil saber como aproveitar esses recursos excedentes."

Felizmente, seus concorrentes não têm melhor aptidão para fazer previsões ou alocações; então, se você encontrar uma maneira segura de criar maior flexibilidade, terá uma chance de criar vantagem competitiva. Infelizmente, talvez você fique frustrado ao descobrir esse caminho em virtude de sua crença no poder das economias de escala. A crença de que o maior é o melhor, ou seja, de que escala, automaticamente, significa custos baixos está difundida entre estrategistas. Mas, como os mercados atuais estão cada vez mais voláteis e, portanto, difícil de prever, muitos líderes de negócios estão reexaminando seus pressupostos sobre os benefícios da escala.

Há outro caminho para reduzir os custos em geral e evitar os passos em falso resultantes de previsões erradas: a fábrica descartável. Ao escolher entre os modos de manufatura artesanal, em lote ou em massa, uma empresa deve analisar o valor da escala em relação à potencial escassez no mercado. Como podemos ter a certeza de que determinado volume do produto X encontrará um mercado dentro de um período Y? À medida que o índice esperado de produção rentável aumenta, a resposta varia: pequena escala, produção artesanal um a um, produção em lote e, finalmente, produção em massa.

Fábricas descartáveis oferecem um meio de baixo risco para entrar e sair de mercados em rápida transformação. Elas permitem flexibilidade de investimento através da inflexibilidade de produção.

Neste capítulo, mostrarei como empresas de alguns setores (manufatura e também serviços) estão se beneficiando da mentalidade de fábrica descartável. E darei sugestões para maximizar o valor estratégico além da manufatura desta abordagem.

Às vezes, conforme veremos adiante, vale a pena pensar pequeno.

A emergência

A crença no poder de economias de escala pode ser especialmente frustrante em mercados que são altamente voláteis e de difícil previsão. E podemos encontrar várias evidências de que muitos mercados se enquadram nesta descrição. Previsões de demanda para um novo farmacêutico podem facilmente ter uma margem de erro de −75% a +300% nos primeiros dois anos após o lançamento do produto. Os ciclos de vida do produto estão diminuindo drasticamente: a vida média de uma nova plataforma de carro, que era de cerca de 8 anos há quase 20 anos, hoje caiu para cerca de 4 anos. A vida útil de um telefone celular caiu de cerca de 22 anos, 6 anos atrás, para 1 ano e 4 meses. E um computador pessoal, que antes continuava na moda por 4 anos, agora fica ultrapassado em 1 ano.

É claro que a pior forma de volatilidade ocorre quando um novo produto ou serviço é um fracasso. Uma descoberta muito citada diz que em cada 30 mil novos produtos de consumo lançados todo ano, mais de 90% acabam desaparecendo. Uma pesquisa realizada por meus colegas mostra que apenas 20% dos produtos lançados com orçamentos superiores a $25 milhões são considerados bem-sucedidos.

Com o aumento da volatilidade do mercado, executivos decidiram não se restringir à reavaliação dos supostos benefícios de escala. Alguns começaram a evitar esse tipo de avaliação. Novas tecnologias e métodos de gerenciamento ajudaram a produzir este fenômeno. Por exemplo, a tecnologia da informação reduziu significativamente o tamanho da unidade de processamento de dados com menor custo, permitindo que estações de trabalho desktop cuidem do mesmo volume de trabalho antes tratado por computadores de grande porte. E a manufatura just-in-time (que surgiu primeiro no Japão) está ajudando mais organizações a operar fábricas que são menores do que as dos concorrentes. Essas fábricas menores lançam ofertas de produtos mais complexos em níveis superiores de qualidade e produtividade do que as instalações de maior porte. Por exemplo, a instalação de montagem automotiva em escala mundial deixou de produzir

200 mil unidades por ano e passou a produzir menos de 50 mil, e centros de máquinas programáveis e robótica utilizados nessas fábricas exigiram mais do processo de manufatura e reduziram mais a unidade de escala de menor custo.

Ao mesmo tempo, outro fenômeno que meus colegas e eu chamamos de *desconstrução* abriu ainda mais os olhos dos executivos para alternativas à escala. Historicamente, as empresas estavam integradas verticalmente; então, conseguiam gerenciar as informações necessárias para fazer negócios. Quanto maior fosse o negócio integrado verticalmente, em comparação aos seus concorrentes, menores tendiam a ser os custos. Mas com os avanços da tecnologia de informação e a criação de mercados intermediários entre vínculos nas cadeias de valor, o valor do tamanho passou a ser questionado. Empresas integradas verticalmente nas indústrias tão diversas quanto jornais, computadores, telecomunicações, farmacêuticos e utilitários elétricos desconstruíam a si próprias.

Um olhar atento dentro da fábrica descartável

A escala pode ser uma faca de dois gumes, e a fábrica descartável pode ajudar você a não se cortar.

A fábrica descartável é uma operação manufatureira, construída com o menor custo possível, com o principal objetivo de lançar um novo produto no mercado. Seu custo de manufatura pode ser mais alto do que se você tivesse permitido que engenheiros e fornecedores construíssem a melhor instalação para atender à demanda hipotética. Mas no grande esquema das coisas, a penalidade do custo costuma ser pequena e, em troca, você obtém muita flexibilidade.

Como ela é descartável, é fácil livrar-se da operação quando a demanda do mercado não corresponde às suas expectativas. Quando o mercado existe, você pode deixar de lado a fábrica e substituí-la por outra, construída para ter o baixo custo e a flexibilidade apontados como necessários pelo mercado. Como é muito simples criar uma fábrica descartável, você pode economizar um tempo valioso de entrada no mercado e reduzir o risco de capital na supervalorização da demanda. Com esta combinação de aumento da receita e custos reduzidos, certamente você notará um avanço significativo nos seus resultados financeiros e estará em grande vantagem em relação aos seus concorrentes.

A fábrica descartável não é uma idéia nova. Há muito tempo vem sendo utilizada como a abordagem favorita em indústrias orientadas a projetos, onde existe uma grande incerteza e é necessário fabricar grandes volumes de um produto rapidamente. Você encontra exemplos de fábricas descartáveis em vários esforços de alto risco – são as cozinhas de campanha encontradas em sets de filmagem e campos de batalha, as instalações temporárias para fabricação de concreto, montadas próximas a grandes trabalhos de engenharia, e os laboratórios de cocaína encontrados nas florestas. Mas pessoas de negócios sofisticadas torceram o nariz para este tipo de "perfuração de poços pioneiros", pois já estavam acostumadas com a servidão típica da doutrina de economias de escala.

Agora, empresas inteligentes estão pensando em também empregar a manufatura descartável em diversas indústrias com base em processos, como as indústrias químicas e farmacêuticas.

Uma empresa farmacêutica de grande porte passou anos construindo uma posição sólida em mercados do mundo inteiro para obter um ingrediente farmacêutico complexo, mas a posição havia sido desafiada por concorrentes de menor custo com base na China. Embora tivesse produção tecnológica superior e muito mais experiência do que seus rivais chineses, a empresa estava perdendo uma fatia do mercado para eles.

As instalações da empresa farmacêutica eram altamente automatizadas e organizadas para obter custos baixos em uma produção em grande escala e flexível. Os equipamentos custaram centenas de milhões de dólares e tinham um ciclo de vida de 30 anos. Com uma fábrica como essa qualquer um pode apostar na longevidade de uma categoria de produto e na posição da empresa nessa categoria.

Mas as empresas situadas em países com rápido desenvolvimento da economia (China, Índia, Rússia, Brasil e outros países) não puderam contar com capital e tecnologia que tornariam possível a produção em grande escala. Assim, para poder competir, elas se adaptaram aos desafios do mercado, construindo fábricas pequenas, de trabalho intenso, com tempo de vida curto, destinadas à produção em massa temporária e de baixo custo. Elas operam com uma capacidade fixa adequada a um produto (e uma quantidade específica desse produto). Portanto, elas não ajustam a capacidade para produzir uma variedade de tamanhos de lote ou tipos de produtos. Em outras palavras, elas são construídas para atender a uma demanda real, e não prevista.

Uma instalação descartável chinesa pode ser construída com apenas 20% a 30% do custo de uma fábrica padrão nos Estados Unidos ou na Europa. Os componentes são simples e encontrados localmente. Em vez de equipamentos de monitoramento de processos controlados por computador, as instalações chinesas se baseiam em inspeção visual por trabalhadores, o que é sustentado por mais inspeção visual dos inspetores.

Essas fábricas podem ser construídas com incrível rapidez. Com técnicas básicas de engenharia e construção, uma fábrica descartável pode ser erguida em apenas seis meses. Este é um enorme avanço em comparação ao tempo que leva o processo de aprovação e construção nos Estados Unidos ou na Europa – dois a três anos.

Quando perguntamos aos jogadores chineses como eles conseguiam dar conta dos pedidos com equipamentos mais baratos em fábricas inflexíveis e de construção barata, eles respondem: "Se o equipamento falha, não tem problema. Podemos trocá-lo, destruí-lo ou construir outra fábrica para o próximo produto."

Os chineses comparam as fábricas com as canetas esferográficas. Quando a caneta quebrar ou acabar a tinta, jogue-a fora.

Da fábrica descartável para a estratégia descartável

O modelo de fábrica descartável é valioso sob vários aspectos da manufatura orientada a negócios, e não apenas orientada a processos ou projetos. Em ambientes que estão em rápida transformação, qualquer número de elementos de um negócio pode se mostrar descartável, incluindo estruturas organizacionais, equipes de gerenciamento, canais de distribuição e até mesmo estratégias. Em uma pesquisa recente citada na *Harvard Business Review*, entre "259 altos executivos [entrevistados] no mundo inteiro... mais de 80% indicaram que as vidas produtivas de suas estratégias estavam diminuindo. Mas 72% acreditavam que seu principal concorrente se tornaria uma empresa diferente em cinco anos."[1]

Cada vez mais, as empresas estão se dando conta de que suas "grandes estratégias" correm o risco de se tornar obsoletas, sem ao menos ter a chance de provar o contrário. Então, os negócios também precisam encontrar formas de pensar em suas estratégias como descartáveis.

A Orbitz, agente de viagens on-line, é um exemplo de empresa que construiu uma espécie de fábrica descartável, embora não tenha fabricado um produto tangível. No final de 1999, durante um período de crescimento lento da indústria aérea, cinco das maiores companhias aéreas norte-americanas – Delta, United, American, Northwest e Continental – se uniram para criar um site de viagens on-line. A estratégia era a seguinte: o site teria custos de distribuição tão baixos que as companhias aéreas considerariam financeiramente atraente divulgar todo seu inventário disponível ao público, diferente da Travelocity e de outros serviços de viagens on-line que mostravam apenas um inventário parcial dos vôos. Isso era a garantia de que a Orbitz poderia oferecer os melhores negócios que a Delta, a United, a American, a Northwest e a Continental ofereciam em qualquer lugar, inclusive nos seus próprios Websites ou através de distribuidores de viagens terceirizados. Além disso, a Orbitz pretendia utilizar uma tecnologia de pesquisa sofisticada, capaz de convencer clientes de que as tarifas encontradas no site eram as mais baixas disponíveis, pois estava sendo mostrada uma enorme quantidade de informações atuais e confiáveis.

As estratégias pareciam boas, mas não havia garantia de que seriam bem-sucedidas. A empresa precisaria crescer extremamente rápido para conseguir atingir o nível de liderança da Travelocity e da Expedia, atender as metas de lucros de seus proprietários e garantir seu próprio futuro.

Mas não existia uma empresa que pudesse ser adquirida pelas companhias aéreas, que tivesse as características certas e que pudesse ser adquirida a um preço razoável. Os parceiros não acreditavam que a incubação do novo serviço dentro de uma das organizações patrocinadoras pudesse funcionar pois, embora as companhias aéreas fossem parceiras neste empreendimento, também eram concorrentes. Somado a isso, com base em suas experiências na construção de novas companhias aéreas, de baixo custo, dentro das classificações de uma organização legada, eles sabiam como poderia ser difícil deixar a empresa novata solta, longe da mãe, quando fosse preciso. Eles também perceberam que a abordagem start-up tradicional (ou seja, construir a organização aos poucos, empregado a empregado) seria muito demorada.

A Orbitz precisava encontrar outra forma de entrar no mercado e conseguiu. A empresa reuniu uma equipe de gerenciamento temporária composta de alguns profissionais internos, além de mais de 60 participantes de vários parceiros e fornecedores externos, incluindo empresas de consultoria, advocacia, contabilidade, engenharia e recursos humanos. Basicamente, eles equivaliam aos componentes de manufatura de origem local, de tarefa única de uma fábrica descartável. Eles não eram necessariamente as pessoas de menor custo disponíveis, em termos de remuneração, mas seu comprometimento e capacidades eram tão altos que poderiam ser realocados sem demora e quase sem esforço.

Isso funcionou. Em menos de dois anos, a Orbitz estava servindo clientes e se firmando como um forte concorrente. Então, assim como um fabricante chinês que substitui suas fábricas inflexíveis e de alto custo à medida que os mercados são bem-sucedidos, a Orbitz fez o mesmo com sua equipe de gerenciamento temporária – no final, todos os recursos temporários, de alta capacidade, mas alto custo, foram substituídos por recursos permanentes, mais adequados.

A estratégia descartável pagou grandes dividendos para seus proprietários. O site foi lançado em junho de 2001 e, de acordo com a Nielsen/Net Ratings, foi o maior lançamento de e-commerce desde 1999, somando 2,07 milhões de visitas locais ao site no mês de junho. Em 2003, uma IPO (oferta pública inicial de ações) da Orbitz avaliou a empresa em quase $1 bilhão e, em 2004, as companhias aéreas concordaram em vender a Orbitz à Cendant por $1,25 bilhão, obtendo um lucro de mais de $1 bilhão.

Providências

Contando com os benefícios de fábricas descartáveis (reais e metafóricas), como você pode aproveitar ao máximo a vantagem estratégica desta abordagem? Comece verificando se este é o modelo certo para você.

Esta é a opção certa nas seguintes circunstâncias:

- Velocidade, risco e a necessidade de determinados recursos tornam os modelos de produção alternativos ineficazes.

- Você passa por um momento de grande incerteza devido à existência de um mercado altamente dinâmico e competitivo ou ao potencial de inovação disruptiva.

- A dimensão de uma oportunidade de negócios não está clara.

- Alta produtividade e produção de baixa comutação podem reduzir custos.

- Você precisa fortalecer a produção e testar mercados apesar de suas instalações permanentes continua a utilizar as mesmas estratégias.

- Uma vantagem do pioneiro pode ajudá-lo a ganhar uma fatia significativa no mercado.

Se você decidir que uma abordagem de fábrica descartável é conveniente para você, talvez precise superar a resistência de grande parte da sua organização. Em algumas empresas em que a cultura de engenharia é dominante, gerentes podem se opor a esta abordagem, alegando preocupações com relacionamentos de trabalho, padrões de segurança e restrições regulatórias. Eles também podem considerar fábricas descartáveis simples demais em comparação às grandes e complexas.

Uma forma de convencê-los de que a escala nem sempre é a solução é explicar que uma abordagem de "caneta esferográfica" para o projeto da organização pode ser de grande valor. Isso permitirá que sua empresa detecte oportunidades econômicas que poderia ter perdido ou rejeitado. Procure lembrá-los de que concorrentes em países de baixo custo ganharam uma vantagem inicial em mercados globais ao adotar a abordagem de fábricas descartáveis.

Engenheiros de fábrica, em especial, precisarão reavaliar sua abordagem de escala e flexibilidade. Incentive-os a deixar de se concentrar em quantas permutas e combinações de produtos sua fábrica pode fazer para se concentrar em como a fábrica pode *reduzir* custos para atender à crescente demanda com maior agilidade. A princípio, eles podem achar a fábrica descartável simples demais, mas, na verdade, ela é uma forma sofisticada de "se virar com os recursos disponíveis".

Sabemos que a escala pode resultar em uma enorme vantagem competitiva. Agora é o momento de aceitar que você pode evitar economias de escala e fazer grandes progressos rumo ao crescimento e à rentabilidade.

3
Precificação dinâmica

Uma questão que pode afetar profundamente o sucesso da sua empresa no futuro, além de trazer uma vantagem competitiva, pode inicialmente parecer improvável e mesmo comum: a precificação.

Nos últimos anos, tenho observado que muitas empresas adotaram práticas de precificação de "boa higiene", tais como:

- Aumento de preços de catálogo para se equiparar aos concorrentes quando seus preços destoam.

- Cobrança de despesas especiais em pedidos de clientes – despesas que tinham sido definidas "oficialmente", mas que não foram respeitadas por várias pessoas dentro da organização.

- Definição de preços diferenciados para "ofertas especiais padronizadas" e remessas rápidas.

- Cobrança acima do valor real para pedidos menores com quantidades abaixo do valor acordado pelos preços estipulados.

- Mudança das estruturas de abatimento e mecanismos de acompanhamento para aceitação.

- Nova precificação de peças para refletir sua singularidade (*uppricing* – aumento do preço) ou commodity (*downpricing* – redução do preço).

Também observei empresas lidando com questões-chave organizacionais relativas à precificação. Elas se tornaram tão adeptas do gerenciamento de precificação quanto eram do gerenciamento de processo de compras ou logística de cadeia de suprimentos. Elas utilizaram os processos, as estruturas e os incentivos adequados; esclareceram responsabilidades; e estabeleceram mecanismos para monitorar de forma ativa a eficácia de suas políticas de precificação.

Todas essas atividades podem levar a grandes resultados, tais como o acréscimo de dois a três pontos de lucros antes de juros, impostos, depreciação e amortização (EBITDA). É claro que a criação de uma plataforma de precificação forte pode aumentar a competitividade de uma empresa. Mas essa plataforma em si não a colocará em situação vantajosa em relação aos rivais.

A emergência

Há diversas estratégias de precificação que vão além das práticas de "boa higiene" e que têm um potencial significativo para aumentar a lucratividade e criar vantagem competitiva. Duas estratégias bem conhecidas são *power by the hour** e *bundling* (*venda de serviços por pacotes*).

Há alguns produtos, como locomotivas e máquinas de fotocópia, que consumidores querem utilizar mas não possuir. Eles podem ser precificados com base em uma taxa de uso. Para tirar o melhor proveito desta inovação em precificação, certifique-se de que as taxas de uso realmente cobrem os custos da sua empresa e, portanto, geram lucro.

A GE Aviation, uma divisão da General Electric, oferece um exemplo de como a estratégia de precificação *power by the hour* funciona na sua organização Serviços. O principal negócio da empresa era vender motores de avião e peças sobressalentes, mas a gerência percebeu que a empresa estava perdendo uma oportunidade de gerar receitas com a venda de manu-

---

**Nota da Tradutora*: O conceito "power by the hour", criado pela Rolls-Royce, representa o relacionamento cliente-servidor, fundamentado em desempenho, que resulta em uma situação ganha-ganha para ambos.

tenção. Apesar de o negócio precificar suas ofertas de manutenção com base no trabalho, ele também oferece aos clientes acordos de manutenção de longo prazo. Esses acordos permitem aos clientes pagar um determinado valor com o tempo, em oposição a uma grande conta de manutenção quando seu motor precisa de conserto, permitindo que os clientes orcem melhor suas despesas. Esses acordos de longo prazo também são precificados com um custo menor do que as ofertas de manutenção precificadas de acordo com o trabalho. Isso exige que a GE Aviation desenvolva o melhor plano de manutenção para reduzir os cursos de reparo e gerar receita. Para isso, a empresa se concentra no aumento da confiabilidade de seus produtos e também no acréscimo de novas tecnologias em seus produtos durante o processo de reparo para garantir que o motor permaneça "em movimento" por mais tempo.

Tanto a GE Aviation Services quanto seus clientes se beneficiam da precificação *power by the hour*. Clientes dizem que podem economizar até 10% nos seus custos de manutenção anual. A GE calcula que o programa costuma ajudar as companhias aéreas a economizar de 5% a 15% em custos de manutenção durante a vigência de um contrato.

Bundling é uma abordagem de precificação eficaz quando uma empresa possui uma gama de produtos ou serviços maior do que a de seus concorrentes. Ela pode juntar algumas de suas ofertas e atribuir um preço ao pacote para que as menores ofertas de seus rivais pareçam absurdamente caras quando os clientes compararem o custo de todas as peças que, do contrário, precisariam adquirir separadamente.

Mas a precificação em pacotes também pode ser o "terceiro trilho" da atividade antitruste: concorrentes frustrados se queixarão de que você está explorando de forma injusta sua vasta gama de ofertas e que os clientes devem ter a oportunidade de escolher fornecedores e instaurar processos. Não entrarei aqui no mérito desse argumento, exceto para dizer que quase sempre isso parte dos perdedores.

Apesar de provável utilidade de *power by the hour* e de *bundling*, as duas práticas agora são amplamente usadas e não trazem as mesmas vantagens estratégicas que antes. É por isso que empresas inovadoras estão experimentando a precificação dinâmica.

Por meio da *precificação dinâmica*, uma empresa alinha o preço do seu produto ou serviço com o desejo do cliente de utilizá-los *a qualquer momento*. Para fazer isso, um fornecedor reúne dados sobre o uso do produto por seus clientes em tempo real. Depois, ele define preços para induzir determinados comportamentos e cobrir os custos do apoio a estes. A precificação dinâmica melhora as duas outras inovações de precificação, pois alavanca dados extensos e bem divididos em tempo real sobre clientes e seu comportamento.

Precificação dinâmica na Progressive

A Progressive Casualty Insurance está testando novas abordagens de precificação e comercialização de seguro de automóvel que podem revolucionar os negócios e deixar os rivais sem fôlego. Fundada em 1937, a Progressive sempre foi inovadora no setor de seguros que tanto carecia de inovações. Nos seus primeiros anos de existência, quando a maioria de seus concorrentes exigia dos clientes o pagamento total anual de uma só vez, a Progressive permitia que seus segurados pagassem valores diferenciados em prestações mensais. Depois, ela aceitou clientes de alto risco que as demais empresas preferiam ignorar e, ao controlar seus custos com cuidado, conseguiu tornar essas políticas rentáveis. Terceiro, a própria Progressive fez o trabalho de reparo em veículos danificados, aprendendo muito sobre o relacionamento entre custos, tipos de motoristas e determinados tipos de transtornos.

Estas estratégias compensaram. A Progressive teve um crescimento de dois dígitos por 30 anos, enquanto o índice de crescimento dos seus rivais permaneceu em um dígito. Na realidade, a empresa foi considerada uma das seguradoras de propriedades e contra acidentes (P&C) mais rentáveis nos anos em que permaneceu como empresa de capital aberto.

Durante o boom da internet, a Progressive começou a se interessar por um campo de tecnologia chamado *telemática*. Originalmente desenvolvida por fabricantes de equipamentos automotivos originais (OEMs), a telemática utiliza a internet e tecnologias sem fio para permitir que os clientes fiquem "conectados" enquanto dirigem. É a telemática, por exemplo, que permite a motoristas surfar na Web de dentro de seus veículos. (Os OEMs não se importavam com o fato de que poucas jurisdições permitiam que motoristas assistissem televisão enquanto operavam um veículo. Para que se preocupar? Acesse a internet.)

A Progressive enxergou uma oportunidade interessante em meio a toda euforia em torno da telemática. A combinação de tecnologia sem fio, sistemas de posicionamento global (GPS), sensores e internet poderia tornar possível à Progressive monitorar exatamente onde se encontrava um veículo do segurado, e em que horário e velocidade. Seu plano de primeira geração, em vigor no Texas, de 1998 a 2001, envolvia o equipamento de carros com sistemas GPS e tecnologia celular para calcular premiums fundamentado, em parte, em quanto, quando e onde um veículo era conduzido. Os segurados que se inscreviam no seguro de automóvel com base em uso economizavam uma média de 25% em seu premium.

Em 2004, a Progressive apresentou um programa diferente, baseado em uso, chamado TripSense, em Minnesota. Em troca de um desconto em sua política de renovação, os participantes conectaram um gravador de dados dentro de um compartimento em seus carros. Ele coleta informações sobre o uso do veículo, inclusive quando, em que velocidade e quantos quilômetros o veículo percorreu. (O dispositivo também coleta informações sobre aceleração rápida e freamento, mas a Progressive diz que não utiliza estas informações para calcular um desconto.) O equipamento não detecta a localização atual ou anterior do carro, pois não conta com a tecnologia GPS.

Em Minnesota, cerca de cinco mil clientes estão utilizando o TripSense, com um desconto médio de aproximadamente 12%. Em janeiro de 2007, o programa foi expandido para Michigan e Oregon.

Com informações tão precisas, a Progressive pode personalizar taxas de seguro para cada segurado. (A precificação "por minuto" ainda está na fase de pesquisa.)

Para avaliar o quão revolucionário isto é, pense em como a precificação na indústria de seguros de automóveis funciona atualmente. Para a maioria das seguradoras, a precificação dos seguros é feita com base em médias por segmento – *averaging* (tomada de média) e *de-averaging* (aplicação de diferentes preços de uma commodity a diferentes clientes). Para definir seu premium, as seguradoras enquadram você em um segmento de clientes para os quais elas podem prever, com conhecimento, a probabilidade de sofrer um acidente. A empresa designa você para um segmento, por meio da qual ela determina seu premium para o ano, com base na sua idade, sexo, tipo de veículo que você dirige, onde você mora, quantos quilômetros você acha que dirigirá durante o ano em que estará segurado, registros anteriores de infrações ao volante e assim por diante. As seguradoras mediram o sucesso pela quantidade de segmentos identificados e gerenciados. No final, todas ainda forneceram "uma média de preço" para cada cliente em um segmento.

O uso pela Progressive das tecnologias disponíveis significava que a seguradora poderia definir premiums para determinados segurados e veículos com base nos seus comportamentos reais, em tempo real, ao dirigir. Os custos de responsabilidade civil e colisão poderiam cair para quase zero quando o veículo de um segurado ficava parado em uma garagem. Esses mesmos custos poderiam disparar quando o veículo era encontrado em alta velocidade e desviando nos horários de tráfego intenso próximo a uma cidade grande.

Fica claro que esta precificação individualizada difere profundamente da precificação média segmentada, que agora define a indústria de seguros de automóveis. Com a precificação média, é inevitável que o segmento para o qual a seguradora designa você também contenha alguns membros com um risco maior de acidentes. Em outras palavras, alguns clientes são mais dispendiosos para a empresa, enquanto outros são menos dispendiosos. Mesmo assim, todos os segurados neste segmento pagam o mesmo premium. Isso significa que algumas pessoas do segmento pagam mais e outras pagam menos. Se você tiver sorte, estará pagando o valor certo para seu nível de risco. (As chances são pequenas.)

Entre no mundo da telemática. Através de dados sobre o comportamento dos motoristas, uma seguradora pode medir com precisão o nível de risco de um motorista – em determinado momento, e durante uma hora, um dia, uma semana, um mês ou mesmo um ano. A empresa pode, então, definir preços com base nesses níveis de risco. Podemos esquecer frases do tipo: "Este é o seu premium para o ano, senhora Rodriguez."

É óbvio que tudo isso exigiria de uma seguradora a coleta e o processamento de quantidades enormes de dados. Mas supondo que a empresa consiga fazer isso, as implicações financeiras da precificação com base em *de-averaging* são muito atrativas. Segundo nossos analistas, a precificação do seguro de automóvel por minuto pode resultar em um salto pre-tax na rentabilidade de contratação do seguro em até oito pontos.

Igualmente interessante, segundo um executivo da Progressive, é o fato de segurados que utilizam a tecnologia estarem mais conscientes de seu próprio comportamento ao dirigir um veículo, incluindo sua velocidade. Muitos relataram que, quando atingem a velocidade de 120 quilômetros por hora, soltam um pouco o pé do acelerador.[2] A empresa está comprometida com o seguro fundamentado em uso, pois, conforme uma porta-voz explicou: "Desta forma, os motoristas têm certo controle sobre o que pagam."

As implicações

Se a Progressive decidir lançar no mercado, de forma agressiva, o gerenciamento de benefícios farmacêuticos (PBM – Pharmacy Benefit Management), os motoristas mais atraídos por este tipo de oferta provavelmente não serão os clientes de alto risco tradicionais da empresa. Em vez disso, eles provavelmente serão os clientes de baixo risco de seguradoras concorrentes. Por quê? Estes são os motoristas que têm pago demais no segmento ao qual foram designados devido à precificação média. E eles desejam conseguir uma melhor negociação.

Quando esses clientes apresentam uma deficiência para a Progressive, o nível de risco médio de segurados que permanecem nos segmentos abandonados aumenta. Portanto, o custo de atendimento desses segmentos aumenta, o que pode consumir os lucros das empresas tradicionais. Ao mesmo tempo, a rentabilidade da Progressive aumenta, pois ela lida com segurados de menor risco.

Para evitar o aumento de custos, o melhor que os rivais da Progressive têm a fazer é aumentar os preços como um todo. Mas isso criaria um grupo totalmente novo de clientes que certamente seriam solicitados (sem um pedido formal) a pagar o frete dos motoristas de maior risco. Provavelmente, isso resultaria em retiradas em massa. Interessante, não é mesmo? Imagine atrelar os adversários da sua empresa a todos os piores clientes do seu setor.

Os métodos da Progressive podem gerar fontes adicionais de vantagem competitiva para a empresa. Por exemplo, esta inovação em precificação se baseia em *intensa experimentação*, ou seja, quanto mais uma organização define preços com base no real uso e passa por experiências de lucro ou perda, maior é o conhecimento acumulado sobre o que leva a custos e ao comportamento do cliente. Esta é uma experiência que outras seguradoras precisarão acumular se desejarem se tornar competitivas. É claro que, se tiverem visibilidade, poderão tentar "copiar" a precificação ou os algoritmos de precificação da Progressive, mas, mesmo assim, ainda estarão no modo de seguidor. Quanto mais tempo os concorrentes da Progressive levarem para reagir, maior será o número de clientes de baixo risco que perderão para a Progressive. Desesperados para reconquistar dissidentes, os rivais podem recorrer à redução de seus preços, o que diminuiria ainda mais seus lucros. Executivos da Progressive podem ficar só observando como os concorrentes, aos poucos, se vêem presos em uma espiral descendente.

A economia

Se a tecnologia da Progressive promete proporcionar tantas vantagens estratégicas para empresas que a utilizam, por que ela ainda não foi disseminada? Por um lado, a tecnologia é cara. Desde o início, diversos participantes do setor, incluindo OEMs de automóveis e seus fornecedores, calculavam que custaria cerca de $300 para equipar um veículo com os sistemas requeridos. Hoje, o valor caiu para menos de $100, uma quantia que a maioria das empresas ainda considera alto demais.

Nos Estados Unidos, regulamentações estaduais de seguro de automóvel apresentam outro obstáculo. A principal meta dos órgãos reguladores é preservar seu trabalho e manter a paz política, o que fazem em grande parte, disponibilizando seguros para todos os motoristas do seu estado. A precificação média facilita esta ampla disponibilização, pois divide o custo do seguro de motoristas de alto risco entre os de baixo risco. Os monitores de carros expressam sua imensa decepção. É fácil compreender porque algumas destas autoridades demoraram tanto para endossar esta forma de precificação dinâmica.

No Reino Unido, onde os mercados são mais compactos em função de populações mais densas, as coisas parecem mais promissoras. Por exemplo, a Norwich Union, com a licença da Progressive, está instaurando uma estratégia assim. Em 2004, a empresa testou a tecnologia em motoristas jovens, pois esses motoristas estavam mais preocupados com as altas taxas de seguro. Participantes do teste-piloto economizaram 30% no valor de seus premiums. Igualmente importante para a Norwich, o projeto gerou um grande volume de dados: 5 mil motoristas registravam dados sobre 100 milhões de quilômetros em mais de 10 milhões de viagens. A Norwich espera um aumento anual de 15% nos índices de coleta de dados. Através desta tecnologia, motoristas poderão controlar melhor o custo de seu seguro, fazendo escolhas em relação a quando dirigem, que tipos de estradas utilizam, a distância que percorrem e outros fatores.[3]

Quem mais está utilizando a precificação dinâmica?

O exemplo da Progressive é um pouco raro, mas há outros exemplos de precificação dinâmica. Pense nas estradas com pedágio, que podem aumentar o valor do pedágio nos períodos de maior movimento e diminuí-lo nos períodos menos congestionados para poder diluir de forma mais equilibrada o congestionamento de trânsito durante o dia. Em janeiro de 2006, a cidade de Estocolmo, na Suécia, propôs uma tentativa de precificação dinâmica por 24 horas, durante os sete dias da semana, com base no nível de congestionamento de trânsito. Em setembro de 2006, os cidadãos de Estocolmo votaram a favor da proposta e ela venceu por uma pequena margem – 52% a 46%. Os que votaram contra a adoção alegaram que a precificação dinâmica beneficiaria os ricos e prejudicaria os pobres. Seu raciocínio? Aqueles com menor controle sobre suas programações de viagem (presumivelmente aqueles com menor salário e com horário fixo de trabalho) estariam mais propensos a viajar nas horas de maior congestionamento e, portanto, seriam penalizados com pedágios mais altos.

Mesmo assim, o novo sistema já trouxe importantes benefícios para a capital sueca. Utilizando transponders e câmeras com identificação de rádio-freqüência (RFID), o sistema reduziu o tráfego na cidade em quase 20%. Um mês após a implementação do sistema, havia 100 mil veículos a menos circulando nas ruas de Estocolmo nas horas de pico e o número de passageiros no transporte de massa diário aumentou em 40 mil. O tráfego nas horas de rush em Estocolmo diminuiu em 22% – muito além da redução almejada de 10% a 15%. O tempo adicional necessário para dirigir de uma extremidade à outra da cidade, nas horas de rush, caiu de 200% maior do que nas horas fora de pico para apenas 45% maior. E os níveis de poluição em Estocolmo diminuíram.

Providências

Como disse anteriormente, muitas empresas já se esforçaram muito para utilizar a precificação como arma competitiva. A precificação dinâmica oferece até mesmo a possibilidade de obter uma maior vantagem competitiva. Incentivo-o a pensar seriamente, e sem demora, em como você pode colocar a precificação dinâmica em funcionamento na sua organização:

- Certifique-se de que a precificação dinâmica seja adequada para sua empresa. Uma estratégia de precificação dinâmica deve funcionar independente de onde e quando os clientes estão dispostos a aguardar ou pagar mais por um produto ou serviço, de acordo com sua disponibilidade. As ofertas que se enquadram nesta descrição incluem quartos de hotéis, aluguéis de carros, reservas em restaurantes e posições de pedidos de novos produtos como aviões de passageiros. A precificação dinâmica também deve funcionar onde quer que a tecnologia de informação possa remover um intermediário entre clientes e uma empresa, de forma que a empresa receba dados sobre seus clientes com prontidão e freqüência. Um exemplo é o estacionamento em aeroportos, em que a proximidade do terminal, a lotação do estacionamento, o horário do dia e o tempo que o veículo fica estacionado são fatores importantes – e coisas que um funcionário não pode fornecer ou processar facilmente.

- Seja o primeiro a adotar a precificação dinâmica no seu setor. Depois, utilize as informações acumuladas sobre comportamento de clientes para criar uma maior vantagem. Por exemplo, se a Progressive tiver empregado sua política de precificação radical de forma mais extensa, bem antes, e por um período mais prolongado do que seus concorrentes, ela reunirá uma quantidade bem maior de dados sobre seus clientes. E esses grandes volumes de dados serão convertidos em um insight mais rápido e mais profundo sobre esses clientes, algo que os rivais não poderão alcançar.

Uma reflexão final

Convém lembrar que a precificação dinâmica está apenas no começo de sua existência. Então, as empresas interessadas em utilizá-la precisarão pensar com cuidado nas suas implicações práticas e desafios de execução. Como esta inovação em precificação evolui e podemos aprender mais sobre ela, acredito que estará em vantagem em relação a inovações muito utilizadas no momento, tais como *power by the hour*, gerenciamento de produção e *bundling*.

Na minha opinião, uma das coisas mais impressionantes sobre a precificação dinâmica é que ela pode oferecer grandes vantagens para jogadores em diversos setores. A exploração da precificação pela Progressive é apenas um exemplo de como esta inovação em precificação pode atuar no cenário dos seguros de automóveis.

Se você chegar à conclusão de que a precificação dinâmica é adequada para sua empresa e dispuser de capital suficiente para testá-la, é bem provável que acumule enormes volumes de informações detalhadas e valiosas sobre os clientes. E esses dados poderão se transformar em suas vantagens vitais em relação aos seus concorrentes. Mas é preciso agir rápido para conseguir manter os rivais fora do caminho o maior tempo possível.

4
Adotando a complexidade

ADOTANDO A COMPLEXIDADE

Atualmente, discute-se muito sobre a questão da complexidade, especialmente porque está relacionada à proliferação de produtos e serviços. A visão dominante, conforme expressa na imprensa popular e em conversas em conferências e jantares ao redor do mundo, é a de que os ambientes dos produtos e serviços se tornaram tão complexos que a maioria dos seres humanos comuns perdeu a capacidade de lidar com eles. É preciso simplificar cada vez mais!

Nos negócios, ouço reclamações semelhantes de executivos que encaram a complexidade como um inimigo com o qual estão em constante batalha. Eles observam como sua empresa (em geral, em resposta a algo que detectam como uma necessidade do cliente e ao apelo das suas equipes de marketing e vendas) acrescenta mais recursos e capacidades aos produtos atuais, cria variantes, acrescenta novos modelos, entra em mercados mais diversificados e desenvolve formas adicionais de personalizar e customizar suas ofertas.

Como o pessoal responsável pelas operações está cada vez mais sobrecarregado com manufatura, distribuição e suporte desta gama de produtos que aumenta a um ritmo assustador (muitos dos quais não estão se revertendo em lucro ou estão até mesmo levando à perda de capital), eles são forçados a recuar. Logo, as disciplinas internas se transformam em discussões tão intensas que o barulho pode ser ouvido por mais de um membro da diretoria. Uma força-tarefa multifuncional é devidamente formada. Ela passa meses investigando. O portfolio de produtos é depurado e podado. Os custos diminuem e os lucros aumentam. Os heróis são ungidos e, depois, esquecidos, assim como clientes são perdidos e vendas-alvo são perdidas.

Como reação, marketing e vendas exigem mais produtos e serviços, e a diretoria, preocupada com os resultados de baixo desempenho, apóia-os. E, assim, o ciclo se repete.

É verdade que há uma emergência iminente relacionada à complexidade, mas não se trata de encontrar formas de eliminá-la. O importante é encontrar a melhor forma de adotar a complexidade para atingir a vantagem competitiva.

A emergência

A complexidade é um fenômeno poderoso que orienta muitos custos de gerenciamento, em geral custos indiretos de fabricação. Minha experiência diz que, para cada duplicação de complexidade (praticamente independente de como a complexidade é medida, desde que ela seja medida e que a medida seja consistente), os custos indiretos por unidade medida/produzida aumentam de 20% a 35%. Empresas costumam tentar recuperar o aumento de custos aumentando os preços, o volume de negócios, ou ambos. Estes esforços de recuperação raramente são bem-sucedidos, exceto nos primeiros estágios do aumento gradual de complexidade, quando a base é baixa. Por exemplo, quando o portfolio de produtos aumenta de um para três. Quando uma empresa possui 12 ofertas e salta para 14, é difícil recuperar os custos incrementais através de aumentos de preço e volume.

É tentador pensar que a complexidade pode ser gerenciada mediante a simplificação – cortando, picando, eliminando e reduzindo. Então, muitas empresas parecem fazer "previsões melhores", ou seja, elas fazem um maior esforço para prever o que acreditam que os clientes desejam e personalizam seus portfolios em conformidade. Elas fazem extensas pesquisas de clientes, tentativas e erros, e gerenciamento de portfolio de produtos muito ativo, acrescentando e cortando produtos e serviços de forma contínua e drástica. Entretanto, esta é uma disciplina que funciona melhor em setores de vestuário da moda, eletrônicos de consumo, alimentos sofisticados e varejo. E, mesmo nestas categorias, poucas empresas aprenderam a fazer bem isso.

Nas últimas décadas, com o aumento da complexidade, e a maior sofisticação da ciência de gerenciamento (incluindo a manufatura flexível) na identificação de formas de gerenciar custos e benefícios, empresas espertas desenvolveram muitas maneiras de criar vantagem competitiva ao *adotar* a complexidade. Quatro delas são de especial interesse e são aquelas que sua empresa deve considerar:

- Como atrair o gastador compulsivo

- Como reduzir a ansiedade da complexidade

- Como especificar a melhor escolha

- Como buscar permutas

Como atrair o gastador compulsivo

Gastadores compulsivos se sentem naturalmente atraídos pela complexidade. Este grupo costuma incluir 20% a 30% dos clientes em determinada categoria, mas responde por 70% a 80% das vendas. Encontramos concentrações de gastadores compulsivos como essas em diversas categorias, incluindo cervejarias, livrarias, lojas de departamentos, cosmética, redes de fast-food, corretoras de estoque do varejo e utensílios para a cozinha.

Alguns podem menosprezar esta observação, alegando que se trata de mais um exemplo do antigo e confiável Princípio de Pareto, conhecido como regra 80/20. Mas esta explicação é muito simples – estes consumidores pensam e se comportam de maneira diferente de gastadores moderados. A questão não é apenas identificar que eles gastam mais; eles têm suas próprias expectativas para seleção de produtos e serviços, buscam uma variedade de tipos de informações e serviços e também precisam de um tipo específico de envolvimento emocional com a categoria.

É essencial compreender a psicologia de gastadores compulsivos para poder identificar os requisitos para atraí-los. Os seguintes fatores caracterizam os gastadores compulsivos:

- Demografias favoráveis em uma categoria de gasto
- Compras como terapia
- Reação favorável ao "suborno", em geral com freqüentes programas de compras

- Ambição e busca de status

- Necessidade de filiação

- Busca de aventura e fortes emoções

- Mudança ou renovação das prioridades na vida

- Obsessões maníacas

Vamos explorar a psicologia de uma gastadora compulsiva que conheço, Sandra. Ela é uma jovem profissional, tem 32 anos de idade, é divorciada, sem filhos e mora em Toronto. O que diferencia Sandra de milhares de outras mulheres com a mesma demografia é que ela realmente, realmente (*realmente*) adora sapatos. Sandra está sempre em busca de novos estilos, compra três a cinco pares a cada estação da moda e possui mais de 80 pares em seu armário. Ela gasta mais de $3 mil (ou 10% de sua renda líquida) por ano em sua coleção de sapatos.

Por que Sandra se comporta desta maneira? Ela tem seus motivos:

"A cada verão, preciso renovar meu estoque de sandálias. A coleção de sapatos de verão é muito expressiva e exclusiva."

"Raramente, ou quase nunca, passo por uma de minhas lojas favoritas sem dar uma olhada."

"Muitas vezes, sinto que estou participando de uma missão para encontrar os sapatos certos que complementarão a roupa para uma ocasião especial. Este é o momento de maior emoção na caçada!"

"É a compra-relâmpago que me faz sentir glamourosa."

"Tenho um estoque de sapatos para trabalhar, para sair à noite, botas, botas de inverno e sapatos para o dia-a-dia (pelo menos nas cores preto e castanho). Além disso, troco meus tênis de corrida a cada nove meses."

"No dia em que eu comprar meu primeiro par de Manolo Blahniks, saberei que estou podendo."

E meu favorito: "A melhor frase quebra-gelo que funciona para mim é quando um cara diz 'Que sapatos maravilhosos!'. Ele automaticamente merecerá 20 minutos de minha atenção."

Sandra está implorando para ser tratada como gastadora compulsiva: ela faz parte de uma demografia atrativa, terapia das compras, deseja comprar sapatos cada vez mais bonitos, e tornou-os prioridade pessoal e fiscal. Quando não está trabalhando, fazendo ginástica ou ocupada com outros afazeres, passa a maior parte do tempo em um quarteirão de Yorkville, uma região da moda em Toronto. Este bairro é o paraíso das pessoas loucas por sapatos.

Formatos de varejo focados em gastadores compulsivos podem ser encontrados em várias categorias de clientes quando você sabe o que procurar. Esses formatos são caracterizados por grandes seleções, uma concentração de itens que envolvem temas de estilos de vida, várias informações sobre ponto-de-venda e uma equipe de vendas muito preparada. Estas lojas são diferentes das típicas lojas de propriedade familiar e dos varejistas em grandes cadeias. Embora as lojas de propriedade familiar tendam a apresentar uma seleção limitada de produtos e preços relativamente altos, os clientes gostam de comprar lá, pois os proprietários costumam conhecer bem os produtos e as lojas são locais e, portanto, convenientes. Grandes cadeias de varejistas, que respondem por cerca de 30% a 50% das vendas em uma categoria de consumidores, oferecem grande variedade de mercadorias a preços muito baixos, mas o atendimento ao cliente é limitado. A crença da maioria das grandes cadeias de varejistas é "atrair muita gente, oferecer preços baixos!" Encontrar um vendedor será uma tarefa bem difícil; encontrar alguém com um profundo conhecimento em determinada categoria de produtos será quase impossível. Estes formatos não atraem gastadores compulsivos, exceto para mercadorias que atendem suas necessidades básicas.

Formatos de varejo que atraem gastadores compulsivos agem de diferentes formas. Eles procuram:

- Diferenciar melhor suas ofertas tendo em vista as grandes cadeias de lojas e as lojas de propriedade familiar, pois apresentam uma maior e melhor variedade de produtos e aglutinam marcas em categorias que mais interessam aos segmentos de gastadores compulsivos.

- Concentrar seus esforços de marketing em categorias de maior interesse para os gastadores compulsivos.

- Melhorar a seleção de produtos em categorias-alvo.

- Aperfeiçoar o apelo visual e a organização de cada categoria para evitar conquistas fáceis – pessoas que optam por ficar fora do processo, pois ele é complicado demais ou porque elas não encontraram o que procuravam.

- Contratar e treinar um staff de vendas com mais conhecimento em categorias que atraem os gastadores compulsivos.

- Organizar-se em torno de categorias-alvo, acrescentando merchandising relacionado a essas categorias – uma prática que também permite ao staff de vendas se tornar expert em todos os aspectos de uma categoria.

- Aperfeiçoar as formas de exibir novos produtos, acrescentando elementos baseados na experiência e divulgando mais as marcas.

A preocupação em atender os gastadores compulsivos representa uma grande oportunidade de ganhar vantagem competitiva. A empresa que investe excessivamente (de acordo com os padrões da indústria, em todo caso) em seus gastadores compulsivos e torna caro para eles a mudança de marca (há muitas formas de conseguir isso) pode aumentar sua participação neste grupo e obter um ganho de receita bem superior ao dos concorrentes que ficam na média em relação às suas ofertas entre os grupos gastadores. A empresa também pode aumentar seu volume de compras a ponto de reduzir seus custos em relação aos seus concorrentes.

É claro que todas estas medidas exigem capital. Mas minha experiência sugere que, quando os gastadores compulsivos certos são identificados e bem servidos, o benefício líquido pode ser enorme. O gastador compulsivo gasta mais dinheiro por visita (chega a ser 10 vezes mais do que o gastador moderado), vai mais vezes à loja e percorre categorias adjacentes (gastando dinheiro lá também). O resultado é que a empresa pode ganhar margens operacionais cinco a dez vezes superiores às dos varejistas com formatos destinados a atender o comprador médio de mercadorias esportivas. Além disso, pode-se estabelecer um círculo virtuoso. Mesmo com os custos de serviços mais altos, os custos totais nos departamentos de gastadores compulsivos realmente diminuem porque as receitas aumentam. Entre os nomes de empresas mais conhecidas que compreendem gastadores compulsivos e os atendem bem estão: lululemon athletica, The Home Depot, Williams-Sonoma, Coach, Best Buy e Shoppers Drug Mart.

Há muitas outras categorias e segmentos de clientes em que empresas inteligentes estão empregando, ou pensando em empregar, uma estratégia de gastadores compulsivos ou talvez a sua, incluindo: reforma residencial, segurança residencial, varejo para altos executivos, *road warriors*,* atendimento a cães e cuidados pessoais.

Como reduzir a ansiedade da complexidade

Diante de um nível de complexidade acima do normal, muitos clientes costumam optar por uma oferta mais simples e, em geral, menos cara, ou simplesmente não compram nada. Eles temem que não gostem da oferta complexa. Sem a opção de devolução, o que fa-

---

*Nota da Tradutora: Road warriors são pessoas que viajam com freqüência, especialmente a negócios.

zer caso não gostem do produto? Empresas que conseguem reduzir o nível de ansiedade associado à necessidade de lidar com a complexidade podem ganhar uma vantagem competitiva.

Um exemplo interessante é a Zappos.com.

A Zappos.com, fundada em 1999, em Las Vegas, é um varejista on-line de bolsas, roupas e acessórios como óculos, jóias e chapéus; contudo, a empresa é mais conhecida pelos sapatos. Em 2000, as vendas brutas da Zappos.com somavam $1,6 milhão. A empresa projeta vendas de $600 milhões em 2007. Em 2006, quase 2% dos clientes na América do Norte compravam na Zappos.com.

Na Zappos, quase não existe complexidade. Ela oferece mais de 900 marcas, 100 mil estilos e estoca mais de 3 milhões de itens. Entretanto, o varejista faz muitas coisas para reduzir a ansiedade do cliente ao lidar com a complexidade de tantas opções. Ele oferece remessa gratuita nos dois sentidos – entrega e, caso necessário, devolução. Mantém uma linha 24 horas/7 dias da semana e atendimento gratuito ao cliente (1-800-927-7671.) E oferece uma garantia de 110%: "Se, dez dias após sua compra, você encontrar e nós confirmarmos um preço mais baixo oferecido pelo mesmo estilo, largura, tamanho e cor em outro varejista ou loja on-line, entre em contato conosco e devolveremos 110% da diferença."

Mesmo com todos esses serviços e sistemas de apoio, compradores de sapatos ainda podem se sentir ansiosos ao comprar sapatos que não viram, não calçaram e nem experimentaram sobre o tapete da loja. Então, o aspecto mais importante da Zappos.com, de acordo com muitos clientes com os quais conversei, é a política de devolução. Compradores são incentivados a encomendar quantos pares de sapatos quiserem experimentar – uma variedade de estilos, ou diferentes tamanhos e cores no mesmo estilo. Eles têm a liberdade de refletir sobre suas escolhas por um período extremamente longo. Não estamos falando de duas semanas. Nem de 30 dias. Nem de 60 dias. O cliente da Zappos.com tem 365 dias para pensar na sua decisão de compra. Cada remessa vem acompanhada de um envelope para devolução por correio, com uma etiqueta com endereço para devolução e o envio pré-pago. O consumidor só precisa colocar os sapatos na embalagem original (nas "mesmas condições em que você recebeu o produto"), colocá-lo dentro do envelope e chamar o serviço de correio (UPS ou FedEx). Em uma visita a um ponto de venda UPS em Palm Coast, na Flórida, percebi que, dentre as oito caixas aguardando para serem enviadas, sete eram caixas de papelão a serem devolvidas para a Zappos.com!

A ansiedade por temer fazer a escolha errada, ser incapaz de utilizar o produto ou precisar passar por um processo de devolução complicado é reduzida a zero.

Quantas compras você fez recentemente envolvendo um baixo nível de ansiedade?

Especificação da melhor opção

Sapatos e bolsas não são inerentemente complexos – consumidores se sentem ansiosos diante da complexidade devido ao grande número de possibilidades. Mas há muitos produtos que são, em si próprios, complicados – carros e computadores, por exemplo. Para descobrir a combinação de produtos que atenda às suas necessidades e caiba no seu orçamento, consumidores devem examinar com cuidado diversas plataformas, recursos, variações e opções.

Historicamente, as empresas que oferecem tais produtos complexos contaram com vendedores para ajudar clientes a determinar as especificações de um produto mais adequado às suas necessidades. Para fazer isso, em geral, os vendedores precisam de treinamento. Eles também costumam receber incentivos para atrair seus clientes. Muitas vezes, porém, esses incentivos se destinam a encorajar o vendedor a especificar uma combinação de produtos que é a melhor opção para a *empresa* (como uma que gere um lucro alto ou que ajude a reduzir o excesso de inventário) e não a melhor opção para o *consumidor*.

Consumidores não gostam de ser pressionados para comprar o que o vendedor deseja vender, mas seu tempo e paciência são limitados e raramente estão capacitados para pesquisar todas as combinações de recursos e preços possíveis. Quando consumidores não estão satisfeitos, antes de sua paciência e energia se esgotarem, acabam optando pelo produto que mais se assemelha ao que procuram; caso contrário, eles dizem: "Deixa para lá."

Então, empresas que conseguem realmente especificar a melhor opção para seus clientes podem ganhar uma vantagem significativa em relação a empresas cujos clientes precisam fazer isso sozinhos. Entre os especificadores antecipados estão a Saturn e a Dell.

No mundo arcaico do comércio a varejo de automóveis, revendedoras tradicionais desejam que o cliente compre um carro que já está no lote. E o vendedor exercerá muita pressão sobre o cliente para que faça isso, oferecendo um preço melhor ou apresentando vantagens adicionais para convencê-lo a ficar com o veículo em estoque. Se o cliente resistir à pressão e insistir em encomendar um carro com as especificações determinadas por ele, o representante de vendas apresentará um catálogo lustroso, onde o cliente poderá escolher entre várias opções. Depois, um especialista da agência de automóveis converte as seleções em uma série de códigos de fábrica, impossíveis de serem decifrados pelo cliente. Assim, o pedido é feito e o cliente aguarda. Quando o veículo finalmente chega, ele costuma não ser exatamente como o cliente espera.

(Minha esposa uma vez encomendou um carro e especificou que gostaria de assentos em couro. Quando o carro chegou, contudo, os assentos eram em tecido. O revendedor ofereceu um desconto de $2 mil caso ficássemos com o carro. Minha esposa recusou a proposta. Aguardamos mais oito semanas para receber o carro que havíamos solicitado no pedido original.)

A Saturn apresentou uma política sem possibilidade de pechincha e limitou as opções disponíveis. Isso permitiu que muitos representantes criassem uma planilha de "especificações", uma lista de uma página com todas as configurações e opções disponíveis, preparada de tal forma que o cliente podia realmente ler e compreender seu conteúdo. Utilizando a planilha, o comprador podia simplesmente verificar os recursos desejados e o pedido seria enviado à fábrica. A Saturn, é claro, tem uma oferta limitada de produtos, o que torna relativamente fácil para a empresa se adequar a todas as opções contidas na planilha de uma página. Embora sua restrita variedade de produtos tenha trazido alguns desafios para a organização, a abordagem com preço definido e opções restritas é uma inovação aprovada pelos consumidores, que gera fidelidade e cria uma vantagem competitiva para a empresa.

A Dell Inc., com seu sistema de encomenda on-line, é outro exemplo de destaque antecipado feito por um especificador. No início da década de 2000, consumidores que não eram experts costumavam ficar apreensivos quando precisavam encomendar um computador pessoal. Embora compreendessem a utilidade de muitos dos recursos e opções, vários outros eram um mistério quase total: velocidade da CPU, memória cache, placas de som e vídeo, portas, tipos de conectores e assim por diante. Em uma loja de varejo, clientes podiam pedir o conselho de um vendedor, mas, em geral, percebiam que o processo aumentava a complexidade da escolha, em vez de diminuí-la. E, assim como no caso dos carros, os vendedores de computadores tentavam empurrar o que já estava em estoque ou qualquer outro item que seu patrão os incentivasse a vender o mais rápido possível. Em troca, os vendedores receberiam "uma espécie de bônus" (incentivo).

Visite a Dell.com. A empresa reduziu a complexidade do processo de decisão de compra, oferecendo um pequeno número de plataformas para o iniciante, cada uma em um nível diferente de preço e desempenho. Após selecionar um preço de base/nível de desempenho, o consumidor é conduzido por uma série de opções – quantidade de memória, tamanho da unidade de disco rígido, monitor, armazenamento externo, upgrades visual e de áudio, alto-falantes, impressoras, teclados, mouses e pacotes de software. Cada opção é acompanhada de explicações, imagens e descrições úteis. Os clientes não têm um limite de tempo para sua escolha, e podem configurar e reconfigurar quantas vezes desejarem.

Entrevistamos consumidores que haviam adquirido seus computadores pessoais em lojas de varejo e também conversamos com consumidores que fizeram sua compra on-line na Dell.com. Os resultados foram surpreendentemente diferentes. A grande maioria dos compradores do varejo disse que estava satisfeita com suas aquisições – o que mais poderiam dizer se tinham acabado de sair da loja? Às vezes, eles admitiram que não tinham refletido bem sobre a compra. Como só precisavam de algo básico e barato, pegaram o primeiro item que chamou sua atenção. A maioria deles disse (enquanto colocavam uma ou duas caixas grandes no bagageiro) que escolheram o melhor pacote disponível pelo preço que estavam dispostos a pagar.

Em geral, os clientes da Dell on-line estavam satisfeitos, mas porque conheciam muito mais o produto que haviam comprado e porque era o sistema que atenderia suas necessidades e desejos. Quando perguntamos sobre suas escolhas, a maioria disse que optou por um item mais caro, em vez de ficar com a alternativa mais barata. Em geral, eles compraram mais memória, um monitor maior ou uma impressora melhor. Calculamos que, graças ao processo de especificação da Dell, consumidores gastam 15% a 20% mais em suas compras do que fariam sem um "especificador", ou seja, se tivessem simplesmente escolhido a opção de preço original/início de desempenho.

Um número cada vez maior de empresas, em diversos setores, está oferecendo especificadores semelhantes para consumidores. Você pode especificar suas políticas de seguro na Progressive e na GEICO, e suas preferências de armário e utensílios de cozinha na IKEA. Até mesmo os maiores fabricantes de automóveis estão seguindo o exemplo da Saturn – atualmente, em torno de 70% dos consumidores utilizam a internet (quando os fabricantes disponibilizam dados sobre os produtos em seus sites) para pesquisar o automóvel a ser adquirido, antes de visitar uma concessionária. É claro que, uma vez lá, precisarão negociar com o senhor Big e enfrentar a possibilidade de o carro solicitado chegar com assentos em tecido e não em couro. A indústria ainda adota algumas práticas obsoletas.

Em busca de permutas

Consumidores, independente de ser *business-to-consumer* ou *business-to-business*, costumam achar que têm uma necessidade específica que pode ser atendida por uma infinidade de produtos ou serviços. A complexidade que enfrentam apresenta dois aspectos: primeiro, a enorme gama de opções e, segundo, a permuta de configurações dentro de cada opção. O desafio é ainda maior quando as opções e permutas apresentam variação de preço. A empresa que consegue ajudar o consumidor a lidar com esses desafios pode ficar em grande vantagem em relação aos concorrentes.

A W.W. Grainger, uma distribuidora de bens industriais, é um ótimo exemplo de uma empresa que utiliza mecanismos de pesquisa muito potentes para ajudar seus clientes a adotar a complexidade. A empresa possui 600 filiais na América do Norte e na China, e atende quase 2 milhões de consumidores, incluindo contratantes, prestadores de serviços e manutenção, fabricantes, hotéis, setor público, saúde e instituições educacionais. Os clientes visitam a Grainger em busca de equipamentos novos e de reposição, tais como: compressores, motores, placas de sinalização, equipamentos de iluminação e soldagem, e ferramentas mecânicas de uso manual – bem como componentes e suprimentos. O catálogo impresso da empresa contém mais de 3 mil páginas, com cerca de 130 mil produtos.

Em 1996, a Grainger começou a fazer negócios na internet em www.grainger.com para ajudar clientes a navegar sua gama de produtos. Além do seu mecanismo de pesquisa, o site contém vários "MatchMakers" – especialistas que ajudam compradores em potencial a selecionar produtos com uma série de atributos essenciais. Meu favorito é o Motor-Match, pois isso me faz lembrar a época em que eu era um jovem engenheiro em uma grande empresa petrolífera. Precisava substituir um motor elétrico em uma das refinarias da empresa. Folheando centenas de catálogos gigantescos de grandes fornecedores de bens industriais, incluindo a Grainger, precisava ler as descrições de todos os motores para descobrir um que melhor atendesse às nossas necessidades. As listagens foram organizadas por fabricante e, depois, por cavalo-vapor e, depois, por várias outras características. Quando descobria o motor certo de um fabricante, verificava as listagens de outros fabricantes para fazer uma comparação de suas ofertas, em termos de recursos e preço. O processo podia levar horas e costumava terminar com uma reflexão: "Isto vai me servir." Ou "Acho que só preciso disto."

Hoje, posso entrar rapidamente no site da Grainger, acessar o MotorMatch e o sistema me ajuda a avaliar minhas opções através de uma maravilhosa variedade de critérios, tais como:

- Tipo de motor (há 17 tipos disponíveis – trifásico, capacitor de partida, ímã permanente)

- RPM

- Cavalo-vapor

- Quilowatts

- Volts (varia do óbvio ao obscuro)

- Gabinete (17 tipos, incluindo aberto, totalmente fechado, com abertura)
- Estrutura NEMA/IEC (29 opções)

Basta clicar na opção "Go" e pronto. Aparece uma lista de todos os motores disponíveis na Grainger que atendem aos meus critérios. O MatchMaker restringe, automaticamente, minhas opções cada vez que digito uma nova especificação, a fim de garantir que eu nunca digite opções incompatíveis que me deixem "sem sucesso". Os outros mecanismos de busca de www.grainger.com permitem buscar a parte que desejo de acordo com sua aplicação. Por exemplo, posso buscar um parafuso de cabeça hexagonal com base na qualidade, classe de propriedade, material, acabamento, tamanho da rosca, extensão abaixo da cabeça e comprimento da rosca.

A complexidade permanece, mas agora tenho controle sobre ela, e não o inverso.

Uma reflexão final

Muitos negócios cujos produtos e serviços parecem complexos demais acreditam que a solução para eles (e para seus clientes) reside na simplificação. Reduzir o número de opções. Eliminar opções. Criar pacotes.

Mas a adoção da complexidade pode funcionar para muitas empresas em diversas situações, especialmente quando:

- O consumidor precisa e dispõe de muitas opções
- A decisão de compra requer trade-offs
- O estado final desejado pode ser alcançado através de múltiplos caminhos
- É possível ter vários estados finais
- O produto deve ser "vendido" e não "comprado"
- Concorrentes simplificam ou ignoram o fenômeno da complexidade

Os consumidores, por natureza, não têm aversão à complexidade. Eles querem obter o produto ou serviço que melhor se adapte às suas necessidades e orçamento. É a frustração de não conseguir obter vantagens com as ofertas complexas que os força a fazer escolhas ruins (e, em geral, de preço inferior) ou os afasta totalmente da complexidade.

Alguns dizem que a complexidade é o inimigo do sucesso na sua categoria.

Quer um conselho? Ame seu inimigo.

5
Banda larga infinita

Nos últimos anos, tenho percebido que as empresas raramente se vêem diante de uma escassez de oportunidades para investir capital em tecnologia de informação para aperfeiçoar seus negócios. E elas têm realmente se aperfeiçoado nesse sentido. Terceirizaram todos os centros de produção para países como a Índia e a China – e economizaram bastante com isso. Investiram na tecnologia de gerenciamento do relacionamento com clientes – e obtiveram novos insights valiosos sobre quem são seus clientes mais rentáveis e como manter sua fidelidade. Elas renovaram seus Websites para refletir design e funcionalidade inovadores, atraíram mais e melhores clientes, e ganharam insights adicionais sobre suas necessidades. E terceirizaram processos de negócios essenciais, como o gerenciamento de políticas de RH e fornecedores que lidam com esses processos em um Website hospedado, obtendo novas eficácias para a empresa.

Apesar de as empresas terem gerado benefícios importantes por meio desses investimentos, surgem, cada vez mais, oportunidades excitantes de investir capital em TI. Provavelmente você já está se sentindo atraído por uma gama de produtos novos na Web, incluindo um blog de CEOs, Web 2.0 e inovação distribuída (através dos quais as empresas geram idéias para novas ofertas com a ajuda de fornecedores e clientes, mediante blogs e Websites interativos). E você sabe que essas ferramentas são apenas o prenúncio de outras ainda mais notáveis.

A emergência

Certamente, as últimas inovações em TI geraram importantes benefícios para diversas empresas. Mas acredito que você pode ampliar sua "visão" da TI para criar uma vantagem competitiva ainda mais forte para seu negócio. Como? Pense em todas estas convidativas oportunidades de TI, ou mesmo substanciais, como se estivessem em uma estrutura conceitual de alto nível: *banda larga infinita*. Em um mundo de banda larga infinita, as empresas recebem sem esforço qualquer volume de informações desejado, em qualquer formato necessário, a qualquer momento, em qualquer lugar e com custo zero.

Neste mundo, as organizações que sabem como alavancar a banda larga infinita são mais produtivas do que seus concorrentes, encontram formas mais rentáveis e eficazes de conduzir os negócios, e até criam novos negócios – enquanto seus adversários lutam para acompanhá-las. Esses jogadores seguem impiedosamente as oportunidades apresentadas pela banda larga infinita para beneficiar seus clientes e acionistas e, ao mesmo tempo, punir os concorrentes.

Um mundo com banda larga infinita soa incrível, não é mesmo? Mas isso não é uma fantasia. Esse mundo está rapidamente nos alcançando, pois o poder do processamento, armazenamento e análise de dados aumenta de maneira surpreendente e as tecnologias de banda larga e sem fio avançam. Cerca de 20 anos atrás, um modem de laptop mal podia suportar 1.200 bits por segundo (bps) em uma linha telefônica. Hoje, laptops mais baratos vêm com modems de 115 mil-bps. Aperfeiçoamentos nas redes atuais, com fio e sem fio, já excederam em muito em capacidade e em tantas outras mudanças na última década. Essas capacidades emergentes representam avanços praticamente infinitos em relação às tecnologias anteriores.

Ainda há muitos executivos que não acompanharam esta revolução. Alguns não identificaram formas de utilizar avanços tecnológicos para criar vantagem competitiva e abrir novas oportunidades estratégicas. Outros, ao ouvir falar de todas as aflições no setor de telecomunicações e da lenta compreensão pelo consumidor da tecnologia 2.5G e 3G, menosprezaram a importância das últimas proezas tecnológicas. Outros ainda consideram as novas tecnologias como meras engenhocas "atraentes" para gerenciar as tarefas diárias, como interromper reuniões para dar boa noite aos filhos via telefones celulares com vídeo.

Esses executivos ignoram a promessa da revolução da banda larga e o risco é todo deles. Eles devem avaliar cuidadosamente as diversas soluções tecnológicas fascinantes que estão sendo apregoadas hoje no contexto de um mundo com banda larga infinita. E também devem se perguntar: "O que a banda larga infinita pode fazer pela minha empresa? Quais destas novas engenhocas e sistemas me ajudarão a obter os benefícios oferecidos pela banda larga infinita? Quais me permitirão desenvolver estratégias para superar o desempenho dos concorrentes?"

A revolução da banda larga é análoga à revolução da internet de apenas alguns anos atrás. Então, a internet abriu novas oportunidades radicais no mundo *business-to-consumer* (B2C).* Grande parte da empolgação em torno da internet estava focada no consumidor, e o emprego mais arcano da internet no *busi-*

---

*Nota da Tradutora: *Business-to-consumer* (B2C) é o segmento do e-commerce em que empresas vendem seus produtos ou serviços via internet, ou seja, em lojas virtuais. É um sistema parecido com a venda direta ao consumidor (varejo) através de catálogos.

ness-to-business passou despercebido. Somente após a explosão da bolha B2C é que as diversas oportunidades de *business-to-business* (B2B) apresentadas pela internet vieram à tona. O mesmo ocorre hoje com a banda larga infinita. Líderes de negócios, distraídos pelo consumidor e pelas aplicações sociais apresentadas pelos avanços tecnológicos, estão pouco atentos às novas oportunidades comerciais.

Há um imenso valor no cenário do B2B esperando para ser capturado e utilizado a fim de criar vantagem competitiva. Como sua empresa reivindicará este valor antes de seus adversários? No restante deste capítulo, apresentarei algumas reflexões sobre o assunto e diversas medidas que você pode tomar.

As implicações

Acredito que há três etapas cada vez mais poderosas que as empresas podem seguir para começar a utilizar a banda larga infinita para criar vantagem competitiva:

Oportunidade 1:
Busca de eficácia operacional e produtividade

Novas tecnologias de informação podem ajudá-lo a aumentar a eficácia operacional e a produtividade na empresa inteira. Entre os exemplos estão o *broadcast* *e-mail*,* conexões sem fio aos dados da sua empresa, gerenciamento hospedado de sua força de vendas e LAN/PDAs (rede local/assistente pessoal digital).

Para ilustrar, uma grande varejista recentemente empregou LAN/PDAs sem fio em toda sua rede de lojas. Parceiros utilizaram isso para inserir dados sobre vendas e escanear produtos nas prateleiras a fim de aumentar a precisão do inventário e a prontidão em novos pedidos e na colocação dos produtos nas prateleiras. Ao colocar esses dispositivos nas mãos de mais de 15 mil associados em mais de 800 lojas, o varejista conseguiu definir e rastrear seus preços com base nos reais estoques na prateleira, em vez de fazer campanhas semanais para promoção de vendas. Ele também conseguiu identificar e imediatamente resolver faltas de estoque iminentes. Qual é a recompensa da empresa? Aumento significativo de vendas por loja e vendas em geral; vendas por associado e vendas por metro quadrado.

Outras organizações fizeram investimentos semelhantes – e atingiram resultados semelhantes. Por exemplo, uma empresa de conserto de equipamentos equipou seus técnicos itinerantes com dispositivos que facilitaram sua tarefa de determinar o tipo de técnico mais apropriado para lidar com cada tipo de chamada para reparo ou serviço. Essa mesma tecnologia permitiu aos

---

Nota da Tradutora: Broadcast e-mail é a capacidade de enviar uma mensagem eletrônica comum para todas as pessoas inscritas no Website do seu grupo.

técnicos estocar as peças certas em suas vans na noite anterior a uma chamada de serviço, a fim de rastrear seu progresso em relação à programação de reparo, e para fazer ajustes em programações de chamada, a fim de manter a satisfação do cliente. Graças a essa perspicaz utilização da tecnologia, a produtividade dos técnicos aumentou, conforme medido pelo número de chamadas de serviço concluídas com êxito por dia.

Obviamente, qualquer aumento na eficácia operacional e na produtividade melhora a rentabilidade e justifica o investimento em tecnologia. Mas essas mudanças não garantem às empresas uma vantagem competitiva sustentável. Empresas adversárias podem comprar soluções semelhantes dos mesmos fornecedores e rapidamente se equiparar aos competidores favoritos em termos de ganhos. O valor gerado por qualquer aperfeiçoamento através desses usos da tecnologia será dissolvido com cortes de preço e concessão de serviços.

É sempre bom estar em busca da eficácia operacional e da produtividade, mas você precisa fazer mais do que isso para poder extrair o máximo em termos de valor estratégico e lucros da banda larga infinita.

Oportunidade 2:
Criação de novos modelos de negócios

Com a crescente evidência do mundo da banda larga infinita, você terá mais oportunidades de projetar novos modelos de negócios com base na facilidade de transferência de informações. Você será capaz de mover dados rapidamente na sua organização e trocar dados com fornecedores e clientes, em velocidades nunca antes vistas. Você afunila informações de clientes e equipamentos diretamente para gerentes de produtos, pessoas de serviço em campo, e engenheiros de projeto e produção, que juntos utilizarão os dados para melhorar o desempenho em tempo real.

Por exemplo, em vez de levar meses para trazer um novo equipamento para especificações operacionais, seu pessoal agora concluirá esse processo em semanas. E, quando o cliente estiver utilizando o equipamento, será mais fácil para sua empresa oferecer contínuo suporte pós-venda. A princípio, parece um simples aumento na eficácia dos serviços. Mas, na realidade, representa um novo modelo de negócios. Mediante o novo uso da tecnologia, um de nossos clientes, na França, conseguiu estender a função de sua força de serviço para incluir o contínuo suporte às vendas. Isso liberou parte da força de vendas da empresa para abrir novas contas, apesar de o staff de serviços atender às contas existentes.

Novos modelos de negócios permitirão que você crie vantagem competitiva estratégica mais sustentável do que poderia ganhar ao simplesmente aumentar a eficácia operacional e a produtividade. Mas isso só será possível se você for o primeiro a adotar tais modelos e se puder utilizar tecnologias de informação de formas inovadoras que os adversários não consigam copiar.

No Japão, a Coca-Cola Company e seus engarrafadores são proprietários e operam uma das maiores redes mundiais de máquinas de venda automática. Essas máquinas vendem uma variedade bem maior de produtos do que as da América do Norte. Além dos produtos carbonados, elas distribuem misturas de cafés e bebidas energizantes em latas. Como pode imaginar, é um desafio manter essas máquinas estocadas, pois os padrões de compra variam de acordo com a localização, o tipo de produto, a hora do dia e a temporada.

Para sanar esta dificuldade, a Coca-Cola equipou essas máquinas com tecnologias que as permitiram comunicar o status do seu estoque aos engarrafadores, que poderiam despachar caminhões imediatamente para estocar novamente as máquinas com quaisquer produtos que estivessem prestes a acabar. Posteriormente, a Coca-Cola instalou tecnologia para monitorar a temperatura e a hora do dia em que consumidores compravam determinados produtos das máquinas de venda automática em diferentes locais. A empresa começou a variar os preços com base em suas avaliações sobre o que o mercado suportaria nesses locais específicos e sob condições ambientais específicas. Por exemplo, ela cobrava preços mais altos em máquinas de venda automática de onde consumidores compravam mais bebidas geladas em dias quentes e ensolarados.

A Coca-Cola também instalou tecnologia para permitir aos consumidores o pagamento de suas compras na máquina de venda automática por telefone celular. No Japão, as pessoas usam seus telefones celulares não apenas para conversar, mas também para participar de salas de bate-papo, jogar, pesquisar a Web – e pagar uma infinidade de coisas, incluindo táxis. Ao equipar máquinas de venda automática com a capacidade de pagamento por telefone celular, a Coca-Cola ofereceu maior conveniência aos seus consumidores japoneses – e disparou as vendas em máquinas de vendas automáticas. E, com dados coletados através de compras por telefone celular sobre quais consumidores estão comprando que tipos de produtos, a empresa começou a experimentar programas de fidelidade.

A Coca-Cola, inicialmente, aumentou sua vantagem competitiva, instalando recursos de comunicação de máquinas de venda automática antes de seus adversários e obtendo nova eficácia operacional. Mas a empresa criou uma vantagem mais sustentável, utilizando sua rede de máquinas de forma que os concorrentes não poderiam imitar facilmente. Em outras palavras, ela desenvolveu um novo modelo de negócios quando conseguiu estabelecer uma sintonia fina da variedade de produtos e preços das máquinas de venda automática, com base nas condições locais e no conhecimento dos consumidores. Não foi a tecnologia empregada pela Coca-Cola que lhe deu uma vantagem estratégica, mas sim a forma como utilizou a tecnologia.

Oportunidade 3:
Nascimento de novos negócios

Apesar dos benefícios impressionantes a serem obtidos com o desenvolvimento de novos modelos de negócios com a ajuda da tecnologia, você pode extrair ainda mais valor estratégico, criando negócios inteiramente novos que alavancam os benefícios da banda larga infinita. Graças a ela as empresas não precisam mais de informações para acompanhar fisicamente o fluxo de mercadorias materiais. E podem alcançar volumes de negócios sem precedentes – em qualquer lugar, a qualquer hora – com novas tecnologias. Esses desenvolvimentos criaram a base para negócios totalmente novos.

Pense no caso do setor de tratamento de imagens médicas, incluindo a radiologia. Hoje, grande parte do que constitui a radiologia (captura de imagem, apresentação, interpretação e consulta médico-paciente) ocorre entre as paredes dos hospitais e com um alto custo para profissionais da saúde e pacientes. Custa caro comprar, operar e manter os equipamentos para tratamento de imagens. Os serviços dos radiologistas que interpretam raios X também são dispendiosos. E podem ocorrer gargalos quando o número de radiologistas é insuficiente em determinado hospital, e em um horário e local específicos, para processar as imagens que precisam de interpretação, forçando os pacientes e seus médicos a aguardar para receber os resultados dos testes.

A GE Healthcare decidiu resolver esta situação. Sua meta inicial era reduzir o custo operacional dos equipamentos para tratamento de imagens médicas. A empresa atacou agressivamente esses custos, utilizando tecnologia de diagnóstico remoto. Antes de empregar o diagnóstico remoto, os provedores de equipamentos enviavam técnicos para manutenção programada, conforme necessário se surgissem problemas: quando uma máquina parava de funcionar adequadamente, o hospital notificava a GE e a empresa enviava um técnico ao centro médico para consertar o equipamento.

Atualmente, a GE utiliza sensores remotos e vínculos de comunicação que alertam não apenas sobre problemas de equipamento mas também para a necessidade iminente de serviço de rotina para uma máquina. Com base no que os sensores mostram sobre os padrões de uso de determinado equipamento, a GE pode projetar as programações de manutenção adequadas para máquinas individuais. Por exemplo, máquinas que são mais utilizadas recebem manutenção mais freqüente.

Com a manutenção preventiva permitida pelos sensores, a GE atingiu sua meta de reduzir o custo operacional do equipamento, para si e para seus consumidores. A GE Healthcare também oferece ferramentas que permitem a engenheiros monitorar de forma remota funções de dispositivos essenciais, detectar problemas iminentes e conduzir reparos antes mesmo de os consumidores notarem que há um problema.

Esses usos da tecnologia ajudaram a GE a aumentar sua eficácia operacional. Mas seus concorrentes também começaram a utilizar o diagnóstico remoto, ameaçando eliminar as vantagens conquistadas pela GE. Por este motivo, a GE decidiu desenvolver novos negócios que alavancam a banda larga infinita e garantem uma vantagem mais sustentável.

A interpretação de imagens médicas oferece um exemplo. No mundo atual de banda larga infinita, radiologistas não precisam estar fisicamente presentes onde a imagem é criada, nem mesmo no hospital, onde o equipamento para tratamento de imagens, os pacientes e os médicos estão localizados. Os raios X de um paciente muito doente em Elmira, Nova York, por exemplo, pode ser interpretado por um radiologista no Boston's Massachusetts General Hospital, contanto que ele tenha acesso à tecnologia que permite receber e visualizar uma versão digital das imagens. Um médico pode ter vários motivos para querer que um radiologista, em outro local, examine os raios X de um paciente. Por exemplo, talvez os radiologistas do seu hospital estejam demorando muito para entregar resultados, gerando um atraso inaceitável na interpretação de raios X do paciente. Ou talvez o problema do paciente exija os insights de um radiologista com expertise específico. A combinação de tratamento de imagens médicas com radiologistas remotos pode ser planejada quase de imediato por um centro de análise de imagens avançadas – um negócio totalmente novo. Outros novos negócios podem surgir mediante o uso da tecnologia: desenvolvimento de aplicativos; investimento em rede; coleta, gerenciamento e distribuição de dados; gerenciamento de serviços de equipamentos; e merchandising de dados para pesquisadores e fornecedores de produtos médicos e serviços.

Esses novos negócios prometem não apenas um grande aumento do custo, mas também maior qualidade do tratamento de imagens médicas. Primeiro, o diagnóstico remoto acabará aumentando a precisão média da interpretação de imagens: à medida que os melhores médicos forem convocados para tratar dos problemas diagnosticados, a precisão média de todas as interpretações aumentará. Segundo, à medida que pesquisadores extraírem o histórico de dados dos pacientes, as habilidades de diagnóstico geral do profissional serão aperfeiçoadas. Além disso, organizações que possuem a rede mais forte de radiologistas, especialistas e médicos com maior disponibilidade e maior número de dados estarão em vantagem, pois os clientes (hospitais) hesitarão em mudar para outra rede.

À medida que empresas como a GE e a Coca-Cola exploram essas três oportunidades (buscando eficácia operacional e produtividade, projetando novos modelos de negócios e criando novos negócios), quem se beneficia são elas próprias e seus clientes. A eficácia operacional e a produtividade permitem às empresas fazer o que fazem no momento, mas com menos gastos do que antes, o que é convertido em economias para os clientes também. Através de novos modelos de negócios, as organizações continuam a fazer o que estão fazendo no momento, mas com ajustes que clientes consideram atraentes (como, por exemplo, pagar por um produto da máquina de venda automática com cartão de crédito). E, através de novos negócios, as empresas oferecem novas formas de valor para clientes, além (ou em vez de) do que já estão oferecendo (como, por exemplo, interpretação de imagens médicas).

Os desafios e a oportunidade

Você pode estar se perguntando neste momento: "Se a banda larga infinita é tão maravilhosa, por que não ouvimos falar tanto nela?" Meus colegas e eu nos fizemos a mesma pergunta. Para descobrir as respostas, realizamos uma série de entrevistas com provedores de equipamentos e serviços e com seus clientes – na maioria, negócios. Conversamos com pessoas de mais de 60 empresas na América do Norte, na Europa e no Japão, perguntando o que consideravam como valor em potencial da banda larga infinita para seus próprios negócios e para os negócios dos clientes. Havia provedores de vários setores, incluindo telecomunicações, tecnologia sem fio e comutação, e eletrônica diversificada. As empresas de seus clientes também pertenciam a diferentes setores, tais como: bancos de investimento, contratações em geral, saúde, hospitalidade, logística de aeroportos, mercadorias de consumo e farmacêuticos. Setores adicionais de clientes incluíam transporte, mineração, viagens e utilitários.

Praticamente todos os executivos que entrevistamos consideravam a banda larga infinita especialmente importante em setores caracterizados por mobilidade e localização de pessoas, equipamentos e mercadorias; dependência ou dispersão de inteligência empresarial; e perecibilidade ou natureza dinâmica das informações. Muitos podiam ver o potencial de redução de custo e aumento da produtividade, bem como aumentos incrementais na venda de produtos e serviços existentes. Mas poucos se pronunciaram a respeito do potencial de novos modelos de negócios e também de negócios que surgiriam com qualquer volume de informações desejado, de qualquer forma necessário, a qualquer momento, em qualquer lugar, com custo zero.

Além disso, muitos de novos entrevistados expressaram preocupação sobre tecnologias que permitem banda larga infinita. Por exemplo, um executivo de uma empresa industrial japonesa disse: "Empreguei uma rede local sem fio em nosso armazém sem avaliar seu impacto. Agora temos mais etapas do que antes." Um diretor de parques temáticos comentou: "Não estamos empregando aplicativos sem fio porque acreditamos que a tecnologia será avançada." E um diretor do setor de indenização de uma seguradora explicou: "Estamos fazendo a reengenharia do nosso processo de indenizações pela segunda vez para recuperar o investimento [em tecnologia]."

Resumindo, a maioria de nossos entrevistados (provedores e clientes) estava com receio de adotar tecnologias novas, desconhecidas. Eles temiam que elas não fossem disponibilizadas em fornecedores confiáveis; que não correspondessem à promessa de um novo modelo de negócios, e muito menos a novos negócios; e que se tornassem obsoletas antes mesmo de os negócios obterem um retorno sobre seus investimentos.

Além disso, muitos dos executivos com os quais conversamos costumavam subestimar o potencial econômico e estratégico da banda larga infinita. Para alguns, é tão difícil quantificar a promessa de novos modelos de negócios e de novos negócios que não conseguem perceber uma forma de desenvolver um tipo de negócio respeitável para adotar tais tecnologias. Acredito que essas pessoas estão observando e aguardando para verificar o que acontecerá no campo da banda larga infinita.

Que oportunidade para uma empresa inovadora como a sua de criar vantagem competitiva e engendrar novas estratégias de crescimento!

Providências

Como tirar o melhor proveito da banda larga infinita para ficar à frente da concorrência e, ao mesmo tempo, manter-se na liderança? Recomendo que você examine seu portfolio de negócios e identifique aqueles que se beneficiariam mais com novas tecnologias de informação. Essas empresas provavelmente terão modelos de negócios com alto custo de serviço. Tais empresas empregam muita gente e se baseiam em "pés na estrada". Os vendedores levam informações aos clientes atuais e em potencial, ajudam-nos a fazer as escolhas certas de compras e fazem um acompanhamento para verificar o nível de satisfação dos clientes. Apenas para citar alguns exemplos, há fornecedores de equipamentos eletrônicos e sistemas de computador para clientes corporativos, e fornecedores de produtos químicos e equipamentos de limpeza para indústrias alimentícias.

É nas empresas que colocam os "pés na estrada" que a banda larga infinita pode ajudá-lo a primeiro alcançar a eficácia operacional e, depois, desenvolver modelos de negócios inovadores, e talvez até dar origem a novos negócios. Quanto mais uma empresa do seu portfolio depende de informações de ponto a ponto (especialmente da interatividade entre sua empresa e seus clientes), maior é o potencial de a banda larga infinita fazer diferença.

Para aproveitar ao máximo a banda larga infinita, recomendo que você primeiro conheça um pouco mais seus clientes. Para ser mais específico, procure acompanhá-los nas compras e entrevistá-los, descubra como obtêm as informações necessárias. Por exemplo, que tipos de perguntas seus vendedores e clientes costumam fazer uns aos outros? E como clientes pesquisam fornecedores? (Eles lêem jornais e revistas de negócios? Fazem pesquisas na internet? Pedem indicações aos colegas?) Também determine como seus clientes utilizam as informações. Por exemplo, que critérios eles utilizam para comparar diversos fornecedores? Como fazem trade-offs? Como determinam a quantidade de tempo que estão dispostos a investir em um relacionamento com o fornecedor? Como utilizam as informações para tomar decisões de compras? Eles compram uma coisa para obter outra (como a compra de um camarote em um evento esportivo, não por causa da maravilhosa visão e dos aperitivos, mas pela oportunidade de abrigar de forma segura um grupo de crianças)?

Então, pergunte a si mesmo como diferentes partes da sua organização podem utilizar a tecnologia de banda larga infinita a fim de oferecer aos seus clientes as informações desejadas, em tempo real, e para ajudá-los a utilizar as informações da forma necessária. Para ilustrar isso, em uma seguradora, uma parte da organização oferece dados atuariais para definir preços para clientes em busca de políticas de seguro de vida. O departamento de marketing cria perfis de clientes e o departamento de contas a pagar avalia o nível de credibilidade dos clientes.

Também sugiro que você avalie bem as atitudes em relação à banda larga infinita dentro da sua empresa. Este grande mundo novo está chegando, e ele terá enormes implicações na sua indústria e na sua empresa. Algumas das tecnologias necessárias para fazer isso acontecer estão aqui; outras chegarão em breve. Para agarrar a real vantagem estratégica (além da simples eficácia operacional) que a banda larga infinita torna possível, todos na sua organização precisarão trabalhar juntos de maneiras diferentes.

Por exemplo, os departamentos de marketing e vendas precisarão fazer perguntas à logística e à manufatura, tais como: "O Cliente A deseja mudar a entrega semanal de 12 unidades por caixa para a entrega de oito unidades em dias alternados. O que precisamos mudar em suas e em nossas funções para que nossa empresa atenda às novas necessidades deste cliente? O que está nos impedindo de fazer estas mudanças? Que outras modificações podemos testar para melhorar a experiência deste cliente com nossa empresa?"

Sua equipe executiva e você também precisam adotar novos níveis de ousadia que (e estou sendo franco aqui) não costumam ser encontrados em organizações estabelecidas, bem-sucedidas. Mas faço um apelo para que você leve seu melhor pessoal a uma profunda reflexão e longas conversas sobre como a banda larga infinita pode ajudar sua empresa a se manter à frente dos concorrentes, agora e no futuro. O potencial para maior rentabilidade, crescimento sustentável e vantagem competitiva que a banda larga infinita tem a oferecer é grande demais para passar despercebido.

CONCLUSÃO
A um prazo mais longo

Então, você acaba de conhecer as cinco estratégias futuras sobre as quais precisa refletir agora mesmo. Mas, nunca é cedo demais para mergulhar nos arquivos abertos e verificar que estratégias merecem ao menos um pouco do seu tempo e atenção no futuro próximo.

Conforme disse na introdução, elas se dividem em três categorias:

1. **Sinais fracos**. Questões que provavelmente se tornarão estratégias, mas que até agora só mostraram alguns sinais bem fracos. É necessário um maior desenvolvimento.

2. **Lista em observação**. Estratégias em potencial em que os tipos de vantagens competitivas não estão totalmente claros.

3. **Alucinações**. Questões provocantes que estão tão presentes que talvez nunca se materializem, pelo menos não nesta vida.

Sinais fracos

Considere alguns dos cenários a seguir, exemplos de estratégias que hoje não passam de sinais fracos.

Computação ubíqua

Imagine um futuro em que o poder da computação seja onipresente e facilmente interconectado, e não apenas uma rede de computadores, mas uma ligação de toda a tecnologia encontrada em nosso dia-a-dia. Este é o mundo da computação ubíqua, em que não são seres humanos que se adaptam a computadores, mas sim os computadores que se adaptam aos seres humanos.

A computação ubíqua fornecerá uma interface entre seres humanos e sistemas de computador que funcionará como suporte às atividades humanas regulares. Ela se baseará em sensores, processadores e dispositivos de armazenamento embutidos em objetos utilizados por pessoas em suas vidas profissionais e pessoais, diariamente, permitindo que esses objetos assumam características de dispositivos de computação.

Assim como a banda larga infinita, a computação ubíqua será adotada em etapas. Primeiro, ocorrerão mudanças de processo de menor proporção, adaptáveis, tais como monitores remotos de saúde e pagamentos mais rápidos no varejo através de *e-wallets*. Depois, surgirão novos processos e modelos de negócios, tais como máquinas que programam sua própria manutenção e áreas de armazenamento que automaticamente fazem mais pedidos para o estoque.

Modelos de negócios de última geração entrarão em cena. Pense em dispositivos embutidos capazes de diagnosticar a saúde de pacientes e dar um tratamento sem a intervenção humana. Ou em desenhos eletrônicos de arquitetura capazes de orientar programações de construção.

Os dispositivos se tornarão "inteligentes". PDAs, telefones celulares e outros dispositivos móveis terão consciência dos gostos de seus proprietários e identificarão produtos de seu interesse enquanto fazem compras. Carros inteligentes indicarão aos motoristas como localizar o posto de gasolina mais próximo quando necessário. Computadores "compreenderão" seus usuários sem precisar de instruções explícitas, em linguagem de máquina.

Fundamentalmente, os computadores ficarão em segundo plano nas atividades humanas.

Como as empresas podem criar vantagem competitiva com a computação ubíqua? Isso ainda está por ser desvendado. Chips RFID são o que há de mais próximo da computação ubíqua atualmente, mas ainda não afetaram estratégias da empresa, embora tenham o potencial de revolucionar o desempenho da cadeia de suprimentos. Se já é difícil para equipes executivas lidar com a noção de banda larga infinita, imagine o que significa enfrentar o desafio da computação ubíqua.

Competição da cadeia de suprimentos

Se a maior desvantagem competitiva de um concorrente que obtém recursos da Ásia são os 9.655 quilômetros de oceano que o separam de seus mercados norte-americanos e europeus, a expressão máxima da proeza da cadeia de suprimentos de uma empresa é que ela tem acesso à precificação de consignação. Empresas que atingem o referencial de excelência no desempenho de suas cadeias de suprimentos em seus setores podem encontrar novas formas de competir. Escolhi o termo referencial para caracterizar o ciclo de pedido-entrega dessas empresas, que é 2,5 a 3 vezes mais rápido do que o de seus concorrentes.

Com este tipo de vantagem em velocidade de entrega, esses fornecedores podem solicitar aos clientes que paguem pelas mercadorias entregues apenas depois de seu uso ou venda para clientes do nível seguinte. Isto altera sensivelmente a economia dos clientes do fornecedor e aumenta o custo do cliente com a troca por outros fornecedores que não podem entregar mercadorias com a mesma rapidez e confiabilidade.

Para fornecedores que operam em categorias em que a concorrência de empresas que oferecem mercadorias de baixo custo obtidas do exterior é um problema, a vantagem de custo da entrega veloz pode negar a vantagem de seus concorrentes de produtos de baixo custo. As empresas que dependem de mercadorias importadas possuem todos os custos e riscos de uma cadeia de suprimentos estendida que até mesmo o concorrente mais ágil não possui.

Concorrente virtual

Em uma economia de cadeias de valores integrados, a vantagem competitiva é um jogo de médias.

Pense, por exemplo, em custos. Se os custos agregados de uma empresa são competitivos, a presença de uma vantagem de custo em cada etapa da cadeia de valores é desnecessária: as etapas são aglutinadas. Se uma etapa é muito vantajosa (como, por exemplo, um material ou componente de baixo custo), não importa se as demais etapas estão em desvantagem, pois elas estão ocultas na média. Mas, à medida que as empresas desconstroem suas cadeias de valores em segmentos, camadas e mercados distintos, a vantagem média perde sua importância. O que conta é a vantagem em cada parte individual da cadeia de valores.

O concorrente virtual desvia da média da vantagem competitiva. Ele busca a fonte mais vantajosa em cada etapa da cadeia de valores, e se apropria da etapa ou contrata um provedor em cada etapa.

Para determinar se o desvio da média é bom ou ruim, uma oportunidade ou uma ameaça, é preciso avaliar a sua perspectiva. Desviar da média significa que as empresas não têm mais o luxo de subsidiar o desempenho fraco em uma atividade, associando-a a pontos fortes em outras.

Mas o desvio da média também permite que empresas parem de diluir o desempenho forte em uma atividade, vinculando-a a outras com desempenho mais fraco. A fraqueza em qualquer atividade pode se tornar uma grande desvantagem, mas força de uma atividade pode se tornar um recurso competitivo decisivo.

Empresas sempre foram capazes de terceirizar atividades que elas próprias não conseguiam executar de forma econômica. Tem havido um aumento da terceirização por motivos de custo. Mas a desconstrução vai além de custo e das atividades de apoio tradicionalmente vistas como candidatas à terceirização. A competição virtual apresenta uma separação inédita de atividades, incluindo algumas que empresas consideram peças-chave de sua identidade. Ela quebra estruturas tradicionais da indústria, destrói antigos negócios e cria novos.

Lista em observação

Meus arquivos contêm duas estratégias futuras em potencial que aguardam maiores evidências de seu potencial para criar vantagem competitiva.

Redes competitivas

Há muito tempo, redes têm sido alvo de discussões, mas a maior parte "desperta interesse" – é intrigante descobrir mais sobre elas, mas isso se torna uma obstinação quando se trata de gerar uma vantagem competitiva.

Nos últimos anos, contudo, reuni evidências suficientes de que estou me preparando para inserir redes no arquivo "estratégias futuras que você precisa conhecer agora". Grandes empresas farmacêuticas como a Merck estão utilizando redes para agilizar a inovação. Fabricantes de automóveis como a Toyota utilizam essas redes para reagir mais rápido às diferentes condições de negócios. Firmas de ações de capital privado inteligentes, incluindo a Blackstone e a KKR, estão fazendo apostas de fusões e aquisições bem mais rápido do que seus adversários de legado, através de redes competitivas.

Chamo-as de redes competitivas não apenas porque podem criar vantagem, mas também porque é muito difícil para adversários duplicá-las ou penetrar, o que as torna ainda mais valiosas.

O caso que, de fato, me convenceu a princípio, não parecia envolver uma rede competitiva, mas, após uma análise mais profunda, revelou-se como um dos mais poderosos com os quais já me deparei. Em 1997, um dos maiores fornecedores da Toyota, a Aisin Seiki, sofreu um terrível incêndio na sua principal fábrica, onde fabricava uma válvula utilizada em todos os veículos da Toyota. Na verdade, essa fábrica fornecia para a Toyota mais de 99% dessas válvulas. Ela tinha em estoque uma quantidade de válvulas equivalente a menos de um dia, e a perda do fornecimento poderia levar ao total fechamento da fábrica por alguns meses.[4] Mas a incrível rede da Toyota entrou em ação. Uma equipe de emergência que consistia em pessoal da fábrica Aisin Seiki, pessoal da Toyota, fornecedores de outros equipamentos e fabricantes de componentes (todos com longa experiência de trabalho em rede) rapidamente se uniram para atacar o problema da produção interrompida.

A produção provisória da equipe está espalhada por 62 localidades e designa responsabilidades de inspeção e distribuição. Em 85 horas, as primeiras válvulas com qualidade de produção foram entregues. Cerca de duas semanas após o incêndio, a cadeia de suprimentos inteira voltou à sua operação normal. Em cinco meses, a fábrica foi reconstruída e voltou a funcionar com sua capacidade total, um feito sem precedentes.

Fabricantes sem o tipo de rede competitiva que a Toyota cultivou tiveram muito mais dificuldade para se recuperar das catástrofes de proporções semelhantes. Em 1991, uma explosão na Romeo, em Michigan, fábrica da TRW, um dos maiores produtores de airbags da América do Norte, interrompeu a produção. A TRW não conseguiu recuperar a produção na Romeo e, após um ano, fechou definitivamente. Isso levou à perda de produção e abalou o relacionamento com o cliente, com duras punições.

Pode parecer difícil conseguir dar um salto, diante da necessidade de recuperar a produção após um incêndio, e criar uma vantagem competitiva incontestável na sua empresa. Mas, procure ver as coisas por outro ângulo. A rede competitiva na qual a Toyota se baseava nesta emergência é a mesma que permite à empresa conquistar, diariamente, uma produção de alta qualidade e baixo custo. Esta é a mesma rede que traz novos produtos e aperfeiçoamentos dos produtos existentes com rapidez e confiabilidade. Ela é a rede que permitiu à Toyota se tornar a OEM de automóveis número um do mundo em termos de volume de produção e rentabilidade (em uma avaliação mensal, a Toyota alcançou a posição número um nesta temporada). E ela é a rede que está criando uma vantagem competitiva para a Toyota em relação aos seus adversários.

Código aberto

Conceitos de negócios como o Linux são empolgantes, pois recursos quase ilimitados são aplicados para ampliar a capacidade do software. O software em si está disponível gratuitamente para aqueles que desejam utilizá-lo. Um grande provedor de sistemas de computador alega publicamente que a vantagem do Linux é que, para cada dólar gasto no Linux, outros investirão $4 para aumentar a capacidade do software.

Quase todos os exemplos de código aberto dizem respeito a oportunidades de romper e até destruir modelos de negócios existentes. No momento, não sabemos como as empresas poderão lucrar no novo mundo para além da ruptura. Em vez disso, espera-se que todos nós queiramos "invadir as ruas" onde estão as tropas de ocupação de corporações legadas. Dê poder às pessoas!

Para tornar código aberto um conceito de negócios sustentável, alguém precisará demonstrar como a vantagem competitiva pode ser criada e sustentada. Talvez a Red Hat esteja fazendo isso. O modelo da Red Hat é ser um jogador central no frenesi do Linux, mas se diferenciar de outros com sua capacidade de oferecer serviços após a venda do Linux. Neste ponto, contudo, a vantagem competitiva da Red Hat provém de seu serviço de origem convencional, e não da promessa do próprio código aberto.

Então, resta-nos esperar para ver.

Alucinações

Alucinações resultam de jogos mentais sobre possíveis fontes de vantagem competitiva para as quais não há exemplos corporativos no momento. Provavelmente, você não encontrará tais alucinações na *Harvard Business Review,* pois não há estudos de caso a serem citados. Mas vale a pena refletir sobre alucinações.

Custo zero de capital

Cada vez mais, altos executivos reclamam do desafio de competir com empresas que se comportam como se seu capital fosse livre e ilimitado. Atualmente, esses competidores costumam ser chineses, mas ouvimos o mesmo tipo de reclamação sobre empresas de outros países, inclusive dos Emirados Árabes Unidos.

Essa reclamação não é nova. Ela foi declarada contra competidores da Coréia, na década de 1990, e do Japão, na década de 1980.

As respostas a essa reclamação incluem: "Não existe algo como um custo de capital zero." "Você está calculando errado o custo de capital de seus concorrentes." "Não é justo." E "Isso significa que você precisa ser um competidor ainda mais eficaz." Nenhuma dessas respostas é muito factível.

Talvez a verdadeira questão não seja o custo de capital. Pelo contrário. O custo de capital zero talvez seja outra forma de dizer que o horizonte de retorno sobre o investimento do concorrente é muito mais amplo do que o seu. Se dois concorrentes têm o mesmo custo de capital, mas um deles possui horizonte de retorno de um ano, enquanto o do outro é de 10 anos, o concorrente com horizonte de 10 anos parecerá estar se comportando como se tivesse um custo de capital zero.

Há motivos sólidos que levem o horizonte de retorno sobre o investimento de uma empresa a ser menor do que o de um concorrente? Em caso afirmativo, só resta liquidar o patrimônio: vender a participação no mercado ou vender o negócio para um concorrente com o horizonte de investimento mais amplo.

Se não houver motivos sólidos para um horizonte de investimento mais estreito, encontre maneiras de associar horizonte de investimento e custo de capital dos concorrentes. Há formas comprovadamente eficazes de diminuir o custo de capital de uma empresa. Entre elas estão: aumento da dívida e redução dos dividendos para financiar o crescimento, aplicando diferentes preços à estrutura de capital para corresponder às estruturas de divisão por concorrente, financiando a empresa em determinadas bolsas, garantindo que a produtividade de capital seja bem superior àquela dos concorrentes através do aumento da produtividade dos ativos, desconstruindo o negócio para terceirizar partes com intenso capital, e sensível aumento da produtividade de despesa, como, por exemplo, a inovação do regime de caixa.

É mais difícil associar horizontes de retorno sobre o investimento. Fazer isso talvez signifique se tornar uma empresa de capital privado, mas provavelmente não com a participação acionária em empresas de capital fechado (conhecidas como empresas de compras alavancadas). Independente do que essas empresas tenham a dizer, seu capital não é paciente.

É possível mudar o tipo de capital empregado por vários investidores de uma empresa de capital que não está "no auge" para capital paciente? Provavelmente isso exige a oferta do tipo de ativo e aumento de rentabilidade que atrai o capital paciente. Há muitas combinações de capital paciente. Fundos de pensão estão brigando com fundos de cobertura pelos lucros atuais. Eles também estão buscando retornos que serão entregues em anos futuros para coincidir com o ritmo de suas futuras obrigações de pensão. Eles fazem isso hoje com títulos, bens imóveis e investimentos de infra-estrutura. Eles fariam isso para obter a estratégia corporativa certa?

Gerenciando a incerteza

Uma empresa pode criar vantagem competitiva ao gerenciar a incerteza melhor do que seus concorrentes? No mundo caótico em que vivem a maioria das empresas, existe oportunidade de criar vantagem competitiva quando se consegue prever melhor a incerteza e reagir mais rápido do que os concorrentes? A resposta precisa ser "sim". Lembra-se do ditado popular: "Em terra de cego, quem tem um olho é rei"?

Então, a ambição de ser melhor na previsão da incerteza e mais ágil na resposta à incerteza é realista? Acho que sim. As empresas já estão fazendo isso, mas as pessoas ainda não percebem o papel do seu comportamento nesse processo. A Southwest Airlines reduz drasticamente o impacto da incerteza das operações no seu negócio com a padronização da sua frota do Boeing 737, sua meta de executar operações em terra em 20 minutos, regras de trabalho flexíveis e modelo de programação ponto a ponto. Por exemplo, no modelo hub-a-hub, preferido pela maioria das transportadoras legadas, um avião atrasado desencadeará o atraso de mais quatro aviões!

Nos próximos anos, empresas bem-sucedidas se destacarão ao gerenciar a incerteza melhor do que seus concorrentes. As melhores *deixarão* seus concorrentes em apuros diante das incertezas. Aqueles que ficarem para trás viverão momentos difíceis.

Uma reflexão final:
Como encontrar sinais fracos por si mesmo

Fico tentado a conduzi-lo pelo processo elaborado que utilizamos para identificar maneiras de desorganizar sua indústria e seu negócio. Para fazermos uma boa consultoria, precisamos que estas estruturas garantam aos clientes que é "seguro" trabalhar conosco. É como as check-lists que pilotos utilizam para evitar negligências, prever problemas e proteger vidas (inclusive a deles).

Mas não vou fazer isso (pelo menos não aqui). Em vez disso, vou me apropriar de uma observação feita por um amigo, ex-colega na BCG, e CIO da General Electric, Gary Reiner. Após trabalhar por mais de 10 anos na GE, Gary me disse que não sabia mais como utilizar consultores, que tudo que a GE tinha a aprender poderia ser encontrado em outras empresas. Algo em especial que Gary disse chamou minha atenção: as pessoas na GE estão sempre buscando empresas com rápido crescimento e mais rentáveis do que seus concorrentes. Quando encontram uma empresa assim, elas colam nela para obter insights, fazer benchmarking e compartilhar as melhores práticas.

Meu colega Tom Hout e eu realizamos algumas pesquisas que sugerem que Gary, na verdade, está no caminho certo (ele não precisa de um estímulo para sua autoconfiança). Tom e eu começamos com uma análise da Harvard Business School sobre novas idéias e práticas de gerenciamento lançadas nos últimos 65 anos.[5] Atualizamos isso com dados reunidos de várias fontes, incluindo pesquisas da *Fortune* e da *BusinessWeek*, bem como nossas próprias observações. Talvez isso não seja muito científico, mas acredito que um dos motivos seja que Tom e eu não pertencemos ao setor acadêmico. Agrupamos as inovações em sete categorias: Liderança e Organização; Gestão de Pessoas; Vendas e Marketing; Tecnologia; Processos e Competição; Medição e Captação; e Desenvolvimento Corporativo e Finanças. Ao todo, contamos 40 inovações apenas nos últimos 25 anos.

Dentre essas 40 inovações, demos crédito aos consultores por terem sido os primeiros a identificar sete delas; acadêmicos apresentaram sete; e a indústria obteve crédito por 24! (Devo acrescentar que muitas das inovações da indústria contaram com a observação astuta e a análise de consultores e acadêmicos.) Então, a lição é que os sinais fracos aos quais me refiro provavelmente podem ser encontrados no mundo que o cerca.

Ao refletir sobre executivos que parecem ter o dom de se manter à frente dos concorrentes, encontramos padrões. Eles começam com "ferramentas", mas passam rapidamente para estruturas e ações exclusivas. O processo é "felino": parte instinto, parte intelectual, parte social. Um processo eficaz de desenvolvimento de estratégias defende:

- Fontes de aprendizagem facilmente acessíveis.

- Mensagens que levam diretamente à situação.

- Conselheiros que parecem capazes de ajudar diretamente agora.

- Experiência em "enfrentar a dureza" com empresas que estão tentando procedimentos novos e diferentes.

Os melhores executivos enxergam bem mais além de suas próprias indústrias e concorrentes em busca de insight. Eles procuram vencedores em outros setores, que tenham encontrado uma nova forma de operar e competir que possa ser aplicada em sua indústria a fim de deixar os outros confusos e impedir o "plágio" da idéia. Ou se deparam com uma anomalia, compreendem suas implicações e utilizam insight para oferecer novos níveis de desempenho ao negócio. (Para aprender mais sobre isto, consulte meu livro anterior, *Hardball*.[6])

No caminho, eles estão certos de que detectarão os sinais fracos de um novo mundo que se forma. Depois, vem a parte difícil: eles devem aguardar para ver o que vai acontecer ou observar e fazer os outros aguardarem?

Notas

1. Chris Zook, "Finding Your Next Core Business", *Harvard Business Review*, abril de 2007, 75.

2. Kevin Maney, "Big Insurer Progressive Launched Its Trial, Dubbed TripSense, in Minnesota Last August", *USA Today*, 3 de agosto de 2005.

3. Lara Williams, "Insurer Opens Up Pay-per-Drive", *Computing*, 12 de outubro de 2006.

4. *Harvard Business Review* é um bom exemplo deste benefício (Philip Evans e Bob Wolf, "Collaboration Rules", *Harvard Business Review*, julho de 2005, 96–105).

5. Suplemento da *Harvard Business Review*, setembro-outubro de 1997.

6. George Stalk e Rob Lachenauer, *Hardball: Are You Playing to Play or Playing to Win?* (Boston: Harvard Business School Press, 2004).

Cadastre-se e receba informações sobre nossos lançamentos, novidades e promoções.

Para obter informações sobre lançamentos e novidades da Campus/Elsevier, dentro dos assuntos do seu interesse, basta cadastrar-se no nosso site. É rápido e fácil. Além do catálogo completo on-line, nosso site possui avançado sistema de buscas para consultas, por autor, título ou assunto. Você vai ter acesso às mais importantes publicações sobre Profissional Negócios, Profissional Tecnologia, Universitários, Educação/Referência
e Desenvolvimento Pessoal.

Nosso site conta com módulo de segurança de última geração para suas compras.
Tudo ao seu alcance, 24 horas por dia.
Clique www.campus.com.br e fique sempre bem informado.

www.campus.com.br
É rápido e fácil. Cadastre-se agora.

Outras maneiras fáceis de receber informações sobre nossos lançamentos e ficar atualizado.

- ligue grátis: **0800-265340** (2ª a 6ª feira, das 8:00 h às 18:30 h)
- preencha o cupom e envie pelos correios (o selo será pago pela editora)
- ou mande um e-mail para: **info@elsevier.com.br**

Nome: _____

Escolaridade: _____ ☐ Masc ☐ Fem   Nasc ___/___/___

Endereço residencial: _____

Bairro: _____ Cidade: _____ Estado: _____

CEP: _____ Tel.: _____ Fax: _____

Empresa: _____

CPF/CNPJ: _____ e-mail: _____

Costuma comprar livros através de: ☐ Livrarias ☐ Feiras e eventos ☐ Mala direta ☐ Internet

Sua área de interesse é:

☐ UNIVERSITÁRIOS
- ☐ Administração
- ☐ Computação
- ☐ Economia
- ☐ Comunicação
- ☐ Engenharia
- ☐ Estatística
- ☐ Física
- ☐ Turismo
- ☐ Psicologia

☐ EDUCAÇÃO/ REFERÊNCIA
- ☐ Idiomas
- ☐ Dicionários
- ☐ Gramáticas
- ☐ Soc. e Política
- ☐ Div. Científica

☐ PROFISSIONAL
- ☐ Tecnologia
- ☐ Negócios

☐ DESENVOLVIMENTO PESSOAL
- ☐ Educação Familiar
- ☐ Finanças Pessoais
- ☐ Qualidade de Vida
- ☐ Comportamento
- ☐ Motivação

20299-999 - Rio de Janeiro - RJ

O SELO SERÁ PAGO POR
Elsevier Editora Ltda

CARTÃO RESPOSTA
Não é necessário selar

Cartão Resposta
0501200048-7/2003-DR/RJ
Elsevier Editora Ltda
CORREIOS

Sistema CTcP,
impressão e acabamento
executados no parque gráfico da
Editora Santuário
www.editorasantuario.com.br - Aparecida-SP